GOTT IST ÜBERALL ZU HAUSE

Herausgegeben und neu erzählt von
Folke Tegetthoff

Umschlag: Angela Clarke
Rahmenillustration: Christine Sormann

Für Astrid, Tessa, Sophie und Kira

ISBN 3-85325-004-1
1. Auflage: September 1990

A-8421 Wolfsberg – Murray, Ky 42071, U.S.A.
Coverdesign: Perestroika
Rahmenillustration: Christine Sormann
Lektorat: Heinz J. Zechner
Umschlagfoto: Nöbauer, Linz
Druck und buchb. Verarbeitung:
Ueberreuter Buchproduktion, Korneuburg
Printed in Austria

Die Märchen dieses Buches wurden durch
einen APPLE MACINTOSH COMPUTER sichtbar gemacht!

Inhalt

Aus dem Christentum

Aus dem Islam

Aus dem Judentum

Aus dem Buddhismus und Hinduismus

CHRISTENTUM

NEUES ZUR ALTEN GESCHICHTE I

Die drei Könige waren am Morgen mit dem ersten Zug abgefahren. Die Sternschnuppe war längst verglüht, der Engelschor hatte ein Wolkenschiff bestiegen. Ein Engel war auf dem Dach des Stalles eingeschlafen.
Der Morgen hatte schwer zu kämpfen. Naja, es war immerhin eine himmlische Nacht gewesen, und so etwas will man bis zuletzt auskosten. Aber dann kam doch die Sonne und tauchte das kleine Dorf, dessen Name noch niemand wußte, in ihr Goldfaß. Der Bürgermeister eilte mit großen Schritten auf den einen Stall zu. Riß die Türe auf und gab sich mächtig wichtig.
»Also, ich habe gehört, da soll letzte Nacht ein Kind geboren worden sein. Hier im Stall. Aber so geht das nicht, es muß ja alles seine Ordnung haben.« Und er holte aus einer Mappe einige Bogen Papier und einen Bleistift. »Nun ja, also...zunächst...den Namen

des Kindes!« Der Esel scharrte und fraß Heu. »Nun, wie soll das Kind heißen? Vor- und Zuname!« Von der lauten Männerstimme war das Baby aufgewacht und begann zu schreien. Die Mutter nahm es und gab ihm die Brust. »Es soll Jesus heißen«, sagte sie stolz. »Aha, Jesus, na, es ist ja Ihr Kind. Also – Vorname: Jesus... Und Zuname?!« Die Mutter wandte sich zum Vater, der still in einer Ecke saß und mit den Achseln zuckte. »Aber sie werden doch wohl wissen, wie Sie mit Familiennamen heißen. Jeder hat einen Familiennamen. Ich heiße ja auch Samuel Rosenstrauch und nicht nur Samuel.« Da flog der Engel, jener, der verschlafen hatte, vom Dach herab. »Mann, Alterchen, hab' dich nicht so. Du begreifst das alles nicht. Das ist GOTTES SOHN – JESUS CHRISTUS!« Der Bürgermeister wurde böse: »Ich muß schon bitten, Sie komischer Flügelheini, ein bißchen mehr Respekt. Ich bin immerhin der Bürgermeister. Nachname also...Gott. Warum nicht gleich. Jesus Gott. So, und nun den Namen der Mutter!« Und er zeigte mit seinem Wurstzeigefinger auf die Mutter. »Haben Sie dieses Kind geboren?« Die Frau schaute hilfesuchend zum Vater, der still in der Ecke saß und noch immer mit den Achseln zuckte. Doch dann nickte sie: »Ja.«

»Gut. Vor- und Zuname.«

»Ich heiße Maria.«

Der Bürgermeister wurde böse: »Nicht Maria, sondern Maria Gott. Oder sind Sie etwa nicht verheiratet???« Und er schaute streng. Der Engel schlug dreimal drohend mit den Flügeln. Das half. »So, und nun noch der stolze Papa. Na, wie heißen Sie denn?« Und in sehr scharfem Ton: »Vor- UND Zuname!!!« Der Vater zuckte nicht mehr mit den Achseln. Er wußte, daß es keinen Sinn gehabt hätte, nur – Josef – zu sagen, und so sagte er: »Josef Gott.« Der Bürgermeister war zufrieden. Legte die Papiere in die Mappe und versicherte, die Geburtsurkunde würde in den nächsten Tagen zugestellt werden. Es müsse ja alles seine Richtigkeit haben. Dann murmelte er noch einige unverständliche Worte, ging zur Krippe, sah das Kind, lächelte, machte: »Dulidulidu«, und in den Stall, in das kleine Dorf und in das Gewissen des Bürgermeisters kehrte wieder Ruhe ein.

NEUES ZUR ALTEN GESCHICHTE II

Die Sonne machte Urlaub hinter dicken Wolkenmauern. Eiswind und Schnee spielten wie verrückt »Fang mich«. »So ein Wetter, gerade an meinem sechsten Geburtstag«, jammerte Jesus und schaute traurig in den Nebel hinaus. »Könnte ich doch mit Gabriel einen Schneemann bauen oder eine Schneeballschlacht machen.« Mutter Maria tröstete ihn und schlug ihm vor, doch ein paar Freunde einzuladen. »Ich backe Kuchen, und es gibt warme Milch, und ihr könnt spielen. Ich sehe es sowieso nicht gern, daß du immer nur mit Gabriel zusammensteckst. Daß Erzengel noch so kindisch sein können!« Ein paar dicke Tränen rollten über Jesus' Gesicht, er drehte sich weg, denn..naja, er wollte eben nicht zeigen, daß er weinte. Aber traurig war er wirklich. Keiner wollte mehr mit ihm spielen. Die Jungen aus dem Dorf riefen ihm nur nach: »Angeber, Angeber!« und sie hatten sogar schon mit Steinen nach ihm geworfen. Nur weil er erzählt hatte, daß er manchmal mit Gabriel eine Runde fliege. »Flattert dein Gabriel mit den Armen, oder hat er sogar Flügel?« spotteten sie. »Ach, ihr seid ja nur neidisch, weil ihr keinen Engel als Freund habt.« Der kleine Isaac wurde neugierig: »Was is'n Engel?« Jesus war erstaunt: »Was, ihr kennt keine Engel?! Das ist einer mit Flügeln dran, und wohnt im Himmel.«

»Mit – Flügeln?! Und wohnt im – Himmel?! Ach, du spinnst ja!« riefen die Kinder. Der rundliche Behavis erzählte: »Mein Vater hat mir auch so'ne Geschichte aufbinden wollen. Von Ikarus. Der baute sich Flügel aus Wachs und wollte damit übers Meer fliegen. Aber dann kam er der Sonne zu nahe, die Flügel schmolzen, und er flog ins Wasser. Ist dein Gabriel auch so einer?!« Und alle lachten, und Jesus war traurig und ging nach Hause. »Denen werd' ich's noch zeigen«, dachte er sich. Gabriel kam natürlich pünktlich zum Geburtstagskuchen.

»Alles Gute zum Geburtstag«, lachte er, »was wünschst du dir, los sag schon!«

»Ich wünsche mir nur, daß du bald wieder eine Runde mit mir fliegst. Aber über dem Dorf.« »Hm, ist ja eigentlich verboten, aber...für dich mach' ich's. Wir müssen aber auf gutes Flugwetter warten.« Ja, ja, Engel können auch nicht bei jedem Wetter fliegen. Bald waren Eiswind und Schnee müde, und die Sonne hatte wieder Lust zur Arbeit. Gabriel stand frisch geputzt vor der Tür: Fertig zum Abflug. Jesus bat ihn, doch zu dem Platz zu fliegen, wo seine Freunde immer spielten. »Aber«, sagte Gabriel, »man soll mich doch nicht sehen.« Da beichtete ihm Jesus, daß die Kinder ihn wegen seines Engels ausgelacht hatten, ihm nichts mehr glaubten und nicht mehr mit ihm spielen wollten. Das war allerdings ein Grund, einmal die strenge Vorschrift für Engel zu brechen: Fliege nie über bewohntem Gebiet! Und Jesus schwang sich auf Gabriels Rücken, und er steuerte direkt zu den Kindern. Man braucht nicht zu beschreiben, wie die Kinder staunten. Und als Gabriel auch noch versprach, jeder dürfe eine Runde mit ihm fliegen, konnten sie es überhaupt nicht fassen. Und es wurde ein Nachmittag, wie ihn sich halt nur der Himmel ausdenken kann...

NEUES ZUR ALTEN GESCHICHTE III

Jesus wohnte mit seinen Eltern in der Nähe eines großen Gutshofes. Die Gutsleute hatten einen kleinen Sohn, der hieß Aaron und war so alt wie Jesus. Die beiden Jungs hatten viel Spaß miteinander, trieben sich auf den Feldern herum, spielten »Guter Mann und Bösewicht« und sangen und freuten sich des Lebens. Der Vater des kleinen Aaron war ein vornehmer Herr. Darum sah er es nicht gern, daß sein feines Büblein mit einem gewöhnlichen Buben so gut Freund war. »Das ist kein Umgang für dich. Spiel mit den Kindern des Pelzhändlers oder des Bürgermeisters! Aber nicht mit diesem Jesus. Man weiß ja nicht einmal, wo seine Eltern herkommen. Und überhaupt. Man munkelt da so einiges. Also, spiel nicht mehr mit ihm!« Und eines Tages, als Jesus seinen Freund zum Spielen rief, antwortete eine rauhe Stimme: »Hau ab! Los, scher dich weg! Aaron spielt nicht mehr mit dir.«

Jesus schlich heim und wußte nicht, was er denken sollte. Er fragte seine Mutter, warum Aaron nicht mehr mit ihm spielen dürfe. Sie wollte ihm nichts von der Grausamkeit der Leute erzählen, und so sagte sie nur: »Du liebst doch Blumen so sehr. Ihre Farben und den Duft. Aber weißt du, woher Farbe und Duft kommen? Von den Wurzeln. Die sieht man nicht, und sie riechen auch nicht. Und sind trotzdem am wichtigsten. WIR pflegen und beschützen die Wurzel, Aarons Eltern riechen an der Blüte. Und sie wollen nicht, daß du mit deinen erdigen Händen Aarons Hemd beschmutzt, oder mit deiner erdigen Nase die Blume berührst.« Jesus sah die Mutter erstaunt an. »Aber...die Blume...gehört doch auch mir...« – Er sah Aaron nicht wieder. Jesus war erwachsen, hatte die Worte der Mutter längst verstanden. Er war ein berühmter Mann, man kannte ihn, und hätte es damals schon Fernsehen und Radio und Zeitungen gegeben – alle hätten ihn gekannnt. Jeder wollte in seiner Nähe sein, wollte sagen können: Ich bin der Freund von Jesus. Jesus war ein Star. Als er wieder einmal mit seiner Schar durch die Straßen zog, griff ihn eine Hand am Ärmel. »He, Jesus, kennst du mich noch? Ich bin's, der Aaron.« Jesus freute sich, Aaron zu sehen und hätte gern noch mit ihm gesprochen, aber...die Menge riß sie auseinander, und Jesus verschwand in Händen und Füßen und Köpfen. Aaron blieb allein auf der Straße zurück. Er sah Jesus nicht wieder. Jesus wurde getötet. Aaron starb. Aber irgendwo und irgendwann trafen sie sich wieder. Und da war kein vornehmer Vater und keine gierige Menge, die sie davon hätten abhalten können, mächtigen Spaß miteinander zu haben.

DER ERSTE WEISSE MENSCH

Der erste Mensch, den der Herr erschuf, hieß Eva. Der erste Mann war Adam. Sie hatten zwei Kinder, Kain und Abel. Die Mama und der Papa und all ihre Kinder waren schwarz, man nannte sie Neger. Kain aber war ein böser Neger, immer Schießereien, Messerstechereien und Glücksspiele. Er war eifersüchtig auf seinen Bruder Abel und tötete ihn eines Tages bei einem Streit um die beste Wassermelone auf dem Feld. Der Herr kam von hinten auf Kain zu und sagte zu ihm: »Kain, wo ist dein Bruder?« Kain war ein hochmütiger Bursche. Er drehte sich nicht einmal um, sondern antwortete großspurig: »Bin ich meines Bruders Hüter? Hab' ihn mir nicht in die Tasche gesteckt. Ich glaub', er ist mit der Schrotflinte losgezogen. Wollte sich ein Kaninchen schießen.« Da wurde der Herr zornig und er fragte: »Kain, wo ist dein Bruder?« Da endlich wandte sich der Neger um und sah, daß

Gott der Herr und Schöpfer vor ihm stand. Er bekam einen furchtbaren Schreck. Seine Haare sträubten sich so sehr, daß sie gerade wurden und im Gesicht wurde er ganz bleich...

Nun, meine Schwestern und Brüder wißt ihr, wer der erste weiße Mensch auf Erden war.

NOAH

»Nein«, sprach Gott, »so geht das nicht weiter. Diese Menschen, mit denen ich die Erde bevölkert habe, taugen nichts. Ich hätte gute Lust, sie von der Erde zu verjagen und Engel an ihrer Stelle auf die Erde zu schicken.« Gott ging auf der großen Straße, sprach mit sich selbst und überlegte, was er nur gegen die Sünde tun könne.

»Falsch«, redete er vor sich hin, »Engel sind recht zum Singen, zum Spielen und zum Herumfliegen, aber ob sie auch auf dem Feld arbeiten und Häuser bauen können, das ist doch schwer die Frage. Nein, so geht es auch nicht.«

Er lief immer weiter auf der großen Straße und murmelte vor sich hin: »Die Menschen wären schon recht für diese Erde, wenn sie nur nicht so furchtbar viel sündigen würden. Ich habe die Sünden satt. Es wäre mir wahrlich lieber, auf dieser Welt würden Haifische hausen statt dieser Menschheit mit ihren Sün-

den. Ich kann Sünden nun einmal nicht ausstehen.«
Da traf Gott den alten Noah, der auch in dieser Gegend spazierenging.
»Guten Morgen, Bruder«, sagte Noah, »hab' dich heute früh in der Kirche vermißt!«
»Ich habe keine Zeit, zur Kirche zu gehen«, sagte Gott. »Ich muß arbeiten.« »Ha!« sagte Noah, »heutzutage sagt jeder, er habe keine Zeit, in die Kirche zu gehen. Je mehr ich predige, um so weniger Leute kommen zum Gottesdienst. Es ist die Pest! Wir haben nicht einmal mehr genug Leute für den Kirchenchor. Ich muß predigen und dazu auch noch Baßstimme singen.« »Ist das wahr?« fragte Gott. »Ja, leider«, sagte Noah, »heutzutage ist jeder damit beschäftigt, Karten zu spielen und zu sündigen. Das nennen sie dann Arbeit. Und deswegen haben sie keine Zeit, in die Kirche zu kommen. Ich will dir was sagen...im Vertrauen: Gott kümmert sich nicht mehr um die Menschen. Aber wenn der alte Gabriel seine Trompete bläst, wird sich zeigen, daß Gott auch noch ein Wörtchen mitzureden hat.«

»Bruder Noah«, sagte Gott, »weißt du nicht, wer ich bin?« »Laß mich mal nachdenken«, sagte Noah, »dein Gesicht kommt mir bekannt vor. Mir fällt nur dein Name nicht ein. Aber was macht's, wie du heißt. Komm mit mir heim. Ich denke, meine alte Dame wird ein Huhn schlachten, und dann wollen wir essen und uns ausruhen, und abends kommst du mit zu meiner Predigt.« »Mir soll's recht sein«, sprach Gott, »für Hühnchen hatte ich schon immer eine Schwäche. Sagtest du nicht, daß du Baß-Stimme singst?« »Ich singe nicht schön«, sagte Noah, »aber da niemand anders da ist, muß es eben gehen.« »Ich war mal ein recht guter Baß-Sänger«, sagte Gott. Sie liefen zu Noahs Haus, und Gott ließ Noah nicht merken, daß er kein gewöhnlicher Mensch war. Sie aßen Hühnchen und tranken Bier, und plötzlich sagte Gott: »Bruder Noah, ich glaube, es beginnt zu regnen.« »Hab' ich mir schon gedacht, daß es heute regnen wird«, antwortete Noah, »ich spüre schon seit Mittag meinen Rheumatismus. Bleib nur ruhig und mach es dir bequem!« »Was tust du, wenn es nun zu regnen anfängt?« fragte Gott. »Tja«, sagte Noah, »meistens...laß ich es eben regnen und warte, bis es vorbei ist.« »Aber angenommen«, sagte Gott, »es würde nun vierzig Tage und vierzig Nächte regnen. Was dann?« »Ich mache mir keine Sorgen«, sagte Noah. »Erstens glaube ich nicht, daß es so lange regnen wird...es sei denn, Gott hätte vor, uns zu bestrafen. Zum zweiten: Ich bin auf Gottes Seite. Er wird schon für mich sorgen, auch was das Wetter angeht.«

»Du meinst, Gott wird dich beschützen?«

»Ich glaube nur an ihn und an sonst nichts«, sagte Noah. »Ich kenn ihn, weißt du. Er läßt mich nicht verkommen.«

Da griff Gott in die Tasche an seinem Hemd und zog seine Krone hervor und setzte sie auf. Dann redete er, und Blitz und Donner kamen aus seinem Mund. Der alte Noah sank auf die Knie.

»Ach, du bist es, Gott«, sagte er, »du bist es. Tut mir leid, daß ich dir nicht mehr bieten konnte.«

»Noah«, sagte Gott, »es wird jetzt vierzig Tage und vierzig Nächte regnen. Jeder, der auf dieser Erde ein Sünder ist, wird ertrinken. Und das bedeutet – alle, außer dir und deiner Familie. Nun los, steh auf und bau eine Arche, groß genug, daß ein Paar Elefanten, ein Paar Kühe, ein Paar Maultiere, ein Paar Schlangen und ein Paar von allem, was sonst noch kreucht und fleucht, darin Platz haben. Du machst besser die Arche so groß, daß auch noch ein paar Nahrungsmittel darin verstaut werden können. Bei dem, was ich im Sinn habe, wirst du wohl kaum in einen Laden laufen und etwas einkaufen können, wenn es erst einmal richtig zu regnen angefangen hat.«

»Schlangen auch, Herr?« fragte Noah.

»Auch Schlangen«, sagte Gott.

»Bei dem nassen Wetter«, gab Noah zu bedenken.

»Daran hatte ich nicht gedacht«, sagte Gott. »Vielleicht sollten wir besser keine Schlangen an Bord nehmen.«

»Ich habe Angst vor Schlangen«, sagte Noah. »Bei Schlangen wird mir immer schlecht, wenn ich nicht eine Flasche Schnaps in der Nähe weiß.«

»Ich mache mir nicht viel aus Schnaps«, sagte Gott, »aber gegen Schlangenbisse soll er gut sein. Das habe ich auch schon gehört.« »...und gegen Regen und nasses Wetter auch«, sagte Noah. »Mein Rheumatismus wird mir schwer zu schaffen machen, wenn ich nicht etwas Schnaps an Bord habe.«

»Dann nimmst du wohl besser eine Kiste voll Schnapsflaschen mit«, sagte Gott. »Vielleicht doch besser zwei«, meinte Noah, »wegen des Gleichgewichts im Boot, verstehst du. Eine Kiste auf die eine Seite, die zweite Kiste auf die andere Seite. So kann das Boot nicht kentern.« »Eine Kiste«, sagte Gott entschieden, »und du stellst sie mitten auf das Deck, damit ich sie immer im Auge habe. Eine Kiste voll Schnapsflaschen ist genug für vierzig Tage und vierzig Nächte, was immer auch geschehen mag. Und wenn ich sage eine Kiste, dann meine ich eine Kiste. Haben wir uns verstanden?« »Ja, Herr«, sagte Noah, »also eine Kiste!«

ROSMARIN

An einer unscheinbaren Straße, irgendwo im Heiligen Land, wuchsen an einer Stelle ein Dornbusch, ein Rosenstrauch und ein Rosmarin.
Der Dornbusch war sehr stolz auf seine Kraft, immerhin hatte er schon so manchem Reiter und Wanderer heimlich ein Loch in das Kleid gerissen.
»Kennt ihr die Geschichte«, so begannen seine stundenlangen Prahlereien, »als ich dem König Herodes hier, jawohl hier an dieser Stelle, einen ellenlangen Riß in seine feine, römische Haut verpaßte?«
»Ja, diese Geschichte kennen wir«, gähnte der Rosenstrauch, »wir haben sie schon siebentausendmal gehört.« – Dann war es wieder für ein paar Monate still an der unscheinbaren Straße, irgendwo im Heiligen Land.
»Freunde, Freunde«, schrie der Rosenstrauch eines Tages auf. »Es ist soweit, ich beginne zu blühen! Hurra!«

»Jedes Jahr das gleiche Getue«, murmelte der Dornbusch, »und alles nur wegen der paar läppischen Blüten.« Und laut sagte er: »Aber auch dieses Jahr, gnädige Frau, wird Eure Schönheit niemand bewundern.«

»Dämlicher, grober Kerl«, schimpfte die Blume, »meine Verwandten erblühen an allen Königshöfen der Welt. Ich bin eben auserwählt, in diese traurige, trostlose Landschaft ein bißchen Schönheit zu bringen. Was man von dir, Dornbusch, nicht gerade behaupten kann. Von unserem Rosmarin ganz zu schweigen.« Damit war wieder mal ein Themenwechsel gelungen. »Worin besteht eigenlich deine Aufgabe?«

Und der Dornbusch ätzte: »Weder Stacheln noch Blüten, nichts außer diesem unangenehmen Geruch.«

»Ich streite mich nicht mit euch«, sagte der Rosmarin, »ich bin Gottes Geschöpf wie ihr und stehe hier sicher nicht umsonst. Ich habe nämlich weder Lust, Menschen zu verletzen, noch mit oberflächlichem Gehabe zu blenden.«

»Also, hast du das gehört?!« zeterte die Rose.

»Unverschämtheit!« donnerte der Dornbusch, »am besten nicht beachten.«
Dann war es wieder für einige Monate still an der unscheinbaren Straße, irgendwo im Heiligen Land.
Es gab während dieser Zeit keine besonderen Vorkommnisse: zwölf Soldaten, sieben Kaufleute und ein Schafhirte mit seiner Herde waren vorübergezogen, ohne auch nur die geringste Notiz von den drei Pflanzen zu nehmen. Dann, es war zu der Zeit, als die Nächte sehr kühl wurden, bewegte sich eine kleine Gruppe auf die Sträucher zu.
»Wenn der Esel ein bißchen schneller gehen würde«, sagte der Dornbusch, »könnte ich seiner Herrin ein Stück ihres Tuches rauben.«
»Wird er nicht, die alte Klappergestalt«, erwiderte die Rose. »Aber der Mann sieht so aus, als hätte er Geschmack. Er könnte – ja, ich bin mir ziemlich sicher, daß er es tun wird, er könnte seiner Frau eine meiner Blüten schenken.«
Der Rosmarin brachte kein Wort hervor. Was hätte er auch sagen sollen. Aber er spürte ein unheimliches Knistern in der Luft – er wußte

nicht, woher es kam, und das beunruhigte ihn ein wenig.
Der Esel mit der Frau und der Mann waren nun schon ganz nahe herangekommen. »Laßt uns eine Rast machen«, sagte die Frau. »Ja, eine gute Idee«, antwortete der Mann. »Eselin, halte dort bei dem Dornbusch.«
Der Dornbusch wurde von dieser unerwarteten Wendung völlig überrascht – noch nie hatte jemand es gewagt, in seinem Schatten zu rasten. Obwohl bei dieser Gelegenheit sicher ein Kleider-, vielleicht sogar ein Hautfetzen für ihn abfallen könnte.
»Also das ist wieder einmal typisch Mann«, hörte der Busch plötzlich die Eselin keifen, »will seine hochschwangere Frau in die Nähe eines Dornbusches bringen. Siehst du nicht die Stacheln, die nur darauf warten, ihre Kraft zu zeigen?« Noch bevor der Dornbusch auf die Eselin losschimpfen konnte, sagte die Frau: »Die Eselin hat recht, Josef, sieh doch nur den Rosenstrauch. Wie schön er blüht. Laß uns dort ausruhen.«
»Seid ihr denn noch bei Trost?« schrie die Eselin. »Soll das Kind schon im Mutterleib von

vergänglicher Schönheit geblendet werden? Wenn ihr glaubt, ich schleppe mich den ganzen Tag mit euch ab, um unter einem Rosenstrauch alle viere von mir zu strecken, irrt ihr euch.«

»Von dir war auch nicht die Rede, Eselin«, sagte Josef ruhig, »also halt an. Hier rasten wir.«

Rose und Dornbusch waren von dem Wortwechsel so überrascht, daß es ihnen die Sprache verschlug.

»Ich denke nicht daran«, sagte die Eselin, »dort vorne liegt das Goldrichtige für uns drei – ein Rosmarinstrauch. Bescheiden, zart, duftet herrlich, schmeckt gut, und das Ungeziefer hält er auch fern.«

»Wenn du meinst, daß er deine Flöhe vertreibt, gut, dann setzen wir uns eben dort nieder. Nur tun wir es endlich!«

Die Eselin galoppierte an Dornbusch und Rosenstrauch vorbei zum Rosmarin. Maria stieg ab und machte es sich neben dem Strauch gemütlich. »Du hattest recht, Eselin«, lobte Maria, »dieser Strauch ist wunderschön, und wie er duftet.«

Dornbusch und Rosenstrauch waren sprachlos. Keiner konnte sein eigenes Schicksal fassen. »Na ja, Ausländer, was soll man da erwarten«, fand der Dornbusch. – »Ohne Geschmack und Würde, sehr gewöhnliches Volk«, pflichtete ihm die Rose bei. Nur der Rosmarin schwieg. Das Knistern in der Luft und seine Aufregung schnürten ihm fast den Atem ab.

»Ja, manchmal soll man auch Eseln glauben«, lachte Josef und streckte sich der Länge nach hin. Die Eselin verschlang inzwischen schmatzend die köstlichen, festen Rosmarinblätter, und der Rosmarin ließ es sich gern gefallen, ja, er war sogar stolz darauf. Und als Maria sagte, Josef solle doch ihren blauen Mantel über den Strauch hängen, damit er mehr Schatten gebe, wurde das Knistern, das in der Luft lag, beinahe unerträglich für den Rosmarin...

So saßen sie fast zwei Stunden, Maria hatte die Augen geschlossen, Josef suchte sorgenvoll den Horizont nach fremden Reitern ab, und die Eselin kaute zufrieden am Rosmarin. »Laßt uns weiterziehen«, sagte Josef, »damit

wir vor der Dunkelheit noch einen Unterschlupf finden.«
Maria erhob sich, wollte schon auf die Eselin steigen, kehrte aber noch einmal um und pflückte zwei Hände voll Rosmarinzweige. »Das wird unserem Kind gefallen, wenn es dich, Rosmarin, als ersten Blumenduft auf dieser Welt riechen darf!« Sie bestieg den Esel, und dann trottete die kleine Gruppe weiter – auf der unscheinbaren Straße, irgendwo im Heiligen Land.
Viele Tage herrschte Schweigen. Dornbusch, Rose und Rosmarin dachten viel, sehr viel nach. Und alle drei kamen zu dem Schluß, daß keiner ihrer Gedanken über die Frau, den Mann und die Eselin einen Sinn ergaben. Aber gerade deshalb konnten sie nicht aufhören, darüber nachzudenken, denn diese zwei Stunden waren so anders, so außergewöhnlich gewesen – und keiner von ihnen konnte sich einen Reim darauf machen.
Das Datum, das alles erklären sollte, rückte immer näher. Maria und Josef hatten, weit von der Stelle ihrer Rast an der unscheinbaren Straße irgendwo im Heiligen Land ent-

fernt, einen Stall gefunden. Josef hatte eine Futterkrippe bereitgestellt, Maria hatte sie mit Stroh ausgelegt und dann aus ihrem Sack die Rosmarinzweiglein geholt. »Er duftet immer noch«, sagte sie und legte die Zweige dorthin, wo wenige Stunden später das Kind liegen sollte, das alles erklären würde...

Als der Morgen des 25. Dezember anbrach, das Licht vorsichtig in den ersten Tag einer neuen Zeit lief, da war weit, weit von der Krippe entfernt, an einer unscheinbaren Straße irgendwo im Heiligen Land, noch ein Wunder geschehen: Einem nackten, bescheidenen Rosmarinstrauch waren in dieser Nacht Blüten, blau wie der Himmel, gewachsen!

Brief an die Stille

Liebe Stille!
Im Land ist große Aufregung, Lärm, Geschrei – sie suchen nach Dir. Ist das nicht herrlich? So viele erinnern sich, und täglich werden es mehr. Sie ziehen durch die Straßen, öffnen verschlossene Türen und befragen Wälder. Sie sitzen bei den Alten und lassen sich von Dir erzählen.

Ja, sie suchen wirklich, aber es fällt ihnen schwer, Dich zu finden, zu viel Schutt und Gerümpel liegen auf dem Weg. Sie graben mit bloßen Händen, sie graben bis auf den Grund der Erde. Abends liegen sie erschöpft in den Betten und sehnen sich nach Dir. Am anderen Morgen suchen sie weiter. Aufregung, Lärm, Geschrei.

Und die, die Dich ersetzen wollten – in Räumen, wo man nicht einmal den Atem hört –, die hat man schnell erkannt. »Das ist nicht Stille!« schreien sie. »Das ist tot. Stille muß was anderes sein.« Und sie suchen in Erinnerungen – doch die Gedanken kommen laut zurück. Nichts gefunden...

Sie wollen nicht allein sein. Sie fürchten sich vor dem Allein, weil es so nah beim Einsam liegt. Und laut hilft, hat immer geholfen, solange sie nichts von Dir spürten. Jetzt haben sie Sehnsucht. Täglich werden es mehr.

Doch es ist schwierig, Dich zu finden, weil man es nicht weiß, wenn man Dich gefunden hat. Wenn die Musik zu Ende ist? Wenn die Hämmer schweigen? Wenn im Wald nur noch der eigene Herzschlag zu hören ist? Sie ahnen, sie wissen, das kann es nicht sein. So ziehen sie weiter durch das Land und suchen. Manche verstopfen sich die Ohren, doch bald merken sie, es liegt nicht an den Ohren.

Stille, im Land ist große Aufregung! Lärm, Geschrei – sie suchen nach Dir. Sie lesen in Büchern, beten nach Formeln, schweigen in Gruppen – sie ahnen, daß Du Dich niemals mit lauten Rufen zu erkennen geben würdest. Sie ahnen, daß Du irgendwo verborgen bist und wartest, bis jeder einzelne sich einen Weg zu Dir geschaffen hat. Sie würden vieles geben, um ein Zeichen zu bekommen. Nur ein

Zeichen, daß es Dich gibt. Sie hoffen, daß es Dich gibt, Stille, aber sie brauchen auch ein bißchen Gewißheit. Wozu sonst suchen? Du sagst: Laß sie ruhig suchen. Sie wollten es ja nicht anders. Ja, Du hast recht, sie mußten dich verlieren, um Dich zu wollen. Du sagst: sie sind Inseln, und der Lärm ist das Meer. Nein, Stille, das glaub ich nicht. Sie sind das Wasser, das Meer, die Bewegung, doch das Ziel der bewegten Wellen sind die Inseln. Bist Du nicht...Insel? Sie werden vergebens suchen, wenn sie nicht sehen, daß sich das Meer bewegt, sich überall zu Inseln hin bewegt – auf den belebtesten Plätzen, den lautesten Straßen, in größter Aufregung.

Sie können den Lärm der Welt nicht mehr aufhalten, deshalb suchen sie Dich ja und Du mußt ihnen Insel sein, Stille, Du mußt!

Ich stelle mir das wunderschön vor: sie laufen mit vorsichtigen Schritten an Land, drängen zurück, zurück ins sichere Meer. Doch schon die nächste Welle nimmt ihnen die Angst, die Insel zu befühlen. Und ich sehe sie vor mir: mitten auf der Fifth Avenue, in Makati, an der Copacabana, in der kleinen Dorfstraße von

Choroni werden sie sich an die Stirn schlagen. Das wird an dem Tag geschehen, an dem die Stille des Herzens den Lärm dieser Welt übertönt.

Pferdefliege

Ein weißer Reisender fuhr in Alabama mit einem schwarzen Farmer über Land. Ein Insekt umschwirrte den Kopf des Pferdes und den Kopf des Reisenden.

»He, Mann, was ist das für ein Viech?«

»Nur 'ne Pferdefliege, Boß.«

»Pferdefliege? Was ist das?«

»Nur 'ne Fliege, die immer um die Köpfe von Pferden, Maultieren und Eseln herumbrummt.«

Weil das Insekt weiter dem Reisenden um die Ohren surrte, sah der eine Gelegenheit, sich mit dem Schwarzen anzulegen.

»Du willst doch damit nicht etwa sagen, daß ich ein Pferd bin, Mann?!«

»Nein, nein, Boß. Sie sind ganz gewiß kein Pferd!«

»Soll das heißen, daß du mich ein Maultier nennen willst?«

Der schwarze Farmer sah etwas irritiert drein: »Nein, hab ich nicht behauptet.«

Darauf rief der weiße Mann aufgebracht: »Hör mal, Mann! Schau mich an. Sieht so etwa ein Esel aus? Ich hoffe, du wolltest mich nicht einen Esel nennen!«

»Nein, nenn Euch keinen Esel, und Ihr schaut auch in meinen Augen nicht wie ein Esel aus – aber andererseits, Boß ... eine Pferdefliege läßt sich nicht an der Nase herumführen.«

Die Große Sechzehn und der Teufel

Es war einmal ein schwarzer Mann, der hieß Zora. Er lebte im Süden zu der Zeit, als es dort noch Sklaven gab. Die Weißen nannten ihn die Große Sechzehn, weil dies seine Schuhnummer war. Er war groß und stark, und der alte Herr ließ ihn immer die schwersten Arbeiten tun. Eines Tages sagte der alte Herr: »Große Sechzehn, du gehst in den Sumpf und holst dort die Baumstämme, die wir geschlagen haben.«
»Ja Herr!«
Also ging die Große Sechzehn zum Sumpf, lud die Baumstämme auf, die so schwer waren, daß niemand sonst sie tragen konnte, schleppte sie heim und stapelte sie vor dem Haus.
Ein anderesmal sprach der alte Herr: »Geh und treibe die Maultiere heim. Ich will sie zählen.« Also lief die Große Sechzehn auf die Weide, fing die Maultiere mit einem Lasso ein

und wollte sie heimführen, aber die Maultiere waren so störrisch, daß sie das Lasso zerrissen. Da faßte die Große Sechzehn jeweils fünf Maultiere bei den Ohren, packte sie sich unter die Arme und trug sie heim zum alten Herrn. Der aber sprach: »Große Sechzehn, wenn du all diese störrischen Maultiere heimbringen kannst, dann kannst du auch noch ganz andere Sachen. Jetzt will ich, daß du den Teufel fängst.«

»Gemacht«, antwortete die Große Sechzehn, »gebt mir einen Neun-Pfund-Hammer und die größte Schaufel, die sich auf der Plantage finden läßt, dann will ich's schon schaffen.«

Der alte Herr gab also der Großen Sechzehn all die Werkzeuge, die sie gefordert hatte, und befahl ihr, sich nun daran zu machen, den Teufel zu fangen.

Die Große Sechzehn trat vor das Haus und begann zu graben. Sie grub nahezu einen Monat, ehe sie auf das stieß, was sie suchte. Dann nahm sie den Hammer, stieg in das Loch hinab und klopfte an des Teufels Tür. Der Teufel selbst öffnete.

»Wer ist da?«

»Die Große Sechzehn.«
»Und was willst du?«
»Ich möchte dich einen Augenblick sprechen, wenn's gefällt.«
Kaum aber steckte der Teufel seinen Kopf zur Tür hinaus, da schlug ihm die Große Sechzehn mit dem Hammer auf den Schädel, warf den Teufel über den Rücken und stieg hinauf zum alten Herrn.
Der staunte nicht schlecht, als die Große Sechzehn mit dem toten Teufel ankam. Er schrie die Große Sechzehn an: »Schaff mir sofort diesen häßlichen Kerl fort! Wie hätte ich wissen sollen, daß du selbst mit dem Teufel fertig wirst!«
»Dem alten Herrn ist es eben nie recht zu machen«, murmelte die Große Sechzehn, nahm den Teufel und warf ihn wieder in das Loch hinunter.
Nach einiger Zeit kam die Große Sechzehn zum Sterben, und als sie gestorben war, flog sie zuerst in den Himmel. Aber Petrus, der sie erkannte, sagte der Großen Sechzehn, sie solle sich fortscheren.
Dieser Mann war einfach zu stark und zu

kräftig, um in den Himmel zu kommen. Aber irgendwohin mußte er ja wohl, also machte er sich auf zur Hölle.
Bald langte er am Höllentor an, und dort im Hof spielten des Teufels Kinder, die liefen eilig ins Haus und riefen: »Mama, Mama, draußen ist der Mann, der Papa erschlagen hat!«
Da verschloß des Teufels Weib die Tür, und als die Große Sechzehn dann bei ihr vorsprach, gab sie ihm durch das Fenster ein wenig Glut und sagte: »Hier kommst du nicht herein. Sieh zu, daß du dir mit dieser Glut deine eigene Hölle bauen kannst.«
Und noch heute, wenn man nachts in Louisiana durch die Sumpfwälder geht, sieht man machmal die Große Sechzehn, die mit einem Häufchen glühender Kohle in der Hand umhergeht und ihre eigene Hölle sucht.

Der Anwalt

Der Anwalt hatte sich sein ganzes Leben bemüht, alle Dinge so zu drehen, daß sie ihm als Recht erschienen.
Als er nun in den Himmel auffuhr, eingelassen wurde, führte ihn sein erster Weg gleich zu Johannes, dem Täufer.
»Mein lieber Johannes«, begann er, »ich habe mit Erstaunen festgestellt, daß ich der erste meiner Zunft bin, der in den Himmel gekommen ist. Es wird Zeit, daß sich hier ein bißchen was ändert. Wie kommt es zum Beispiel, daß der alte Petrus, bei Gott kein unbeschriebenes Blatt, als Pförtner tätig ist. So ein verantwortungsvoller und wichtiger Posten sollte von niemand anderem als von Euch besetzt sein. Ihr ward doch unserem Herrn immer treu ergeben. Ihr habt doch Euren Kopf hingehalten – für die Wahrheit und nichts als die Wahrheit.«
»Naja, wenn ich es mir überlege, ganz unrecht habt Ihr nicht«, antwortete Johannes,

»aber da gibt es doch ein Problem – wir haben alle unsere Verträge. An denen ist nicht zu rütteln.«
Der Anwalt hakte sich bei Johannes unter und sagte sehr vertraulich: »Mein Freund, Verträge sind dazu da, um gebrochen und angefochten zu werden. Dafür hat der liebe Gott ja die Anwälte erschaffen!«
»Aber...« – Johannes war verunsichert – »unsere Verträge sind doch mit irdischen nicht vergleichbar.«
»Na na, wer sagt denn das!? Laß mich nur machen. Du mußt mir nur den Auftrag dazu erteilen.«
»Aber...wie willst du das anstellen?«
»Wir werden einen Prozeß anstrengen. Einen schönen Prozeß.«
Der Anwalt begann sofort mit seiner Arbeit. Er studierte alle einschlägigen Himmelsakte, und schon bald bekam der alte Petrus einen eingeschriebenen Brief an die Himmelspforte zugestellt.
Petrus verstand nicht viel von dem, was da geschrieben stand. Sicher war nur, daß man ihm den Prozeß machen wolle und sicher

war, daß die Sache nicht gerade zum besten für ihn stand.
Aber der himmlische Türsteher war ein alter, schlauer Fuchs und so sandte er schon am nächsten Tag dem Johannes ein Antwortschreiben:
»Lieber Bruder Johannes, bezugnehmend auf das Schreiben Deines Anwaltes möchte ich Dir mitteilen, daß die gegen mich vorgebrachten Anschuldigungen jeder Grundlage entbehren und völlig aus der Luft gegriffen sind. Da es mir ein leichtes sein wird, die Beweisführung anzutreten, will ich die freundliche Einladung zu einem Prozeß gern annehmen. Doch werden wir uns mit dem Prozeßbeginn ein wenig gedulden müssen. Du hast Deinen Anwalt ja schon gefunden, ich hingegen kann, in Ermangelung eines zweiten im Himmel, nicht auf einen zurückgreifen. So müssen wir darauf warten, bis ein solches Exemplar hier heroben auftaucht, der meine Sache vertritt.«
Und was tut der alte Petrus seither!? Sobald ein Anwalt vor seiner Himmelstür auftaucht, ruft er mit Donnerstimme: »In die Hölle mit dir!«

Fuchs und Hahn

Ein Fuchs war schon lange hinter einem großen, fetten Hahn her. Aber der Fuchs sah den langen, spitzen Schnabel, und er sah die langen, spitzen Sporen des Hahnes. »Ich kriege ihn schon«, dachte er sich, »wenn nicht mit Gewalt, dann mit etwas Nachdenken.«

Eines Tages spazierte er unschuldsvoll am Hühnerstall vorbei, blieb vor dem Hahn stehen und sprach: »Edler Hahn, ich bewundere Eure Stimme und Euer ungeheures Krähen. Selbst wenn ich weit weg im Wald liege, kann ich es hören. Aber sagt mir – stimmt es, was man sich erzählt: Euer Krähen verwandelt sich in ein jämmerliches Piepsen, sobald ihr Eure Augen geschlossen habt?«

»Lächerlich«, schrie der Hahn erbost, »wer erzählt solche Geschichten über mich! Seht selbst, welche Lüge das ist!«

Und der Hahn schloß die Augen und hob den Kopf und atmete tief ein und öffnete den

Schnabel, und....ZACK – hatte ihn der Fuchs gepackt und lief mit ihm davon.
Der Bauer war gerade mit Holzhacken beschäftigt, als er den Fuchs mit seinem prächtigsten Hahn im Maul davonrennen sah. Mit der Axt in der Hand jagte er ihm nach.
Da sagte der Hahn zum Fuchs: »Wenn er uns kriegt, erschlägt er uns beide. Ruf ihm zu, daß ich freiwillig mitgegangen bin. Schnell!«
Der Fuchs, der mit dem schweren Hahn im Maul nicht so schnell vorwärtskam, sah den Bauern mit der Axt immer näher kommen. Und wirklich – in letzter Verzweiflung rief er: »Er ist freiwillig mitgekommen. Ehrlich!«
Dazu hatte er aber sein Maul aufreißen müssen und – der Hahn war frei und lief davon!
»Besser schweigen, als den Mund weit aufzureißen«, dachte sich der Fuchs...
»Besser die Augen offen halten, als laut zu krähen«, dachte sich der Hahn...

Das Rotkehlchen

Neben dem Kreuz, an das man Jesus geschlagen hatte, stand eine Hecke. In diese Hecke hatte ein kleiner Vogel sein Nest gebaut. Die ganze Zeit schon hatte er das seltsame Treiben der Menschen beobachtet. »Wenn niemand kommt, ihm das Sterben zu erleichtern«, seufzte der Vogel, »so will ich ihm helfen«.
Der kleine Vogel flog zum Kreuz, auf Jesus' Kopf und versuchte, die Dornen aus der Krone und der verletzten Haut zu ziehen. Und wirklich – endlich war es ihm gelungen, und er hielt einen Dorn im Schnabel. Da fiel ein Blutstropfen, der sich an der Spitze gehalten halte, auf die Brust des Tieres.
Da sagte Jesus: »Mein kleiner Freund. Du bist der einzige, der gekommen ist, meine Schmerzen zu lindern. Von heute an sollst du und alle deine Nachkommen einen roten Fleck auf der Brust tragen.«
Und von diesem Tag an nannte man den kleinen Vogel Rotkehlchen...

Auf dem Jahrmarkt

Als Jesus und Petrus durch die Lande zogen, kamen sie einmal in ein kleines Dorf, in dem gerade Jahrmarkt war. Mit Schießbuden und Ringelspiel, mit Geisterbahn und Zuckerwatte.
»Meister«, sagte Petrus, »hättest du was dagegen, wenn ich mich 'n bißchen amüsiere?«
»Geh' nur«, sagte Jesus.
Am Abend wankte Petrus ziemlich angeheitert in die Herberge. »Na, Petrus«, fragte Jesus, »hast du dich amüsiert?«
»Oh, Meister! War das eine Stimmung! Und ein herrliches Wetter dazu!«
»Hat irgendjemand von mir gesprochen?«
»Von dir? Kann mich nicht erinnern, deinen Namen gehört zu haben.«
Am nächsten Morgen wollte Petrus wieder zum Jahrmarkt.
»Geh' nur«, sagte Jesus.
Als der Jünger am Abend heimkehrte, sah er verärgert drein.

Wieder fragte Jesus: »Hast du dich amüsiert?«
»Amüsiert?! Es war zum Kotzen. Dieses Wetter hat alle verdrießlich gemacht. Regen, Hagel, Donner und Blitz. Den ganzen Tag. Wie soll man sich da amüsieren?!«
»Hat irgendjemand von mir gesprochen?«
»Gesprochen?! Gerufen haben sie alle nach dir, Meister, laut gerufen!«

Das einbeinige Huhn

»Petrus«, sagte Jesus, »ich hab' Hunger. Lauf schnell rüber nach Jerusalem und hol' mir 'n Brathähnchen!«

Petrus lief und kaufte seinem Meister ein gebratenes Huhn. Auf dem Rückweg war der herrliche Bratenduft sein Begleiter, und der rief den Hunger, und Petrus starrte auf das knusprige Hühnchen in seinen Händen, und lange widerstand er – aber dann blieb er doch stehen und verzehrte rasch ein Hühnerbein.

Petrus reichte seinem Meister das Huhn, der nahm es und bemerkte sogleich, daß da was fehlte.

»Wo ist das zweite Bein geblieben, Petrus?«

»Seltsam, Meister, wirklich seltsam. Wo ist wohl das zweite Bein geblieben? Ich muß es so bekommen haben. Wahrscheinlich haben alle Vögel in dieser Gegend nur ein Bein.«

»Red keinen Blödsinn«, sagte Jesus verärgert, »auf der ganzen Welt haben Hühner zwei

Beine. Und ich weiß, wovon ich spreche, habe ja selbst genug davon geschaffen.«
Aber – Jesus aß das Huhn und schwieg.
Am nächsten Morgen marschierten die zwei nach Jerusalem. Da sah Petrus in einem kleinen Gärtchen ein paar Hühner stehen. Sie schienen zu schlafen – auf einem Bein!
»Jesus! Schau doch nur! Hab' ich es dir nicht gesagt: die haben alle nur ein Bein!«
Jesus schaute Petrus mitleidig an. »Augenblick«, sagte er und klatschte so laut er konnte in die Hände. Da schreckten die Hühner auf und rannten davon – auf zwei Beinen!
»Na, was ist nun mit deinen einbeinigen Hühnern?« lachte Jesus.
»Meister, du bist so klug. Aber etwas hast du nicht bedacht: hättest du gestern auch in die Hände geklatscht, wäre sicherlich auch das zweite Bein wieder erschienen...«

Licht ins Dunkel

Die Leute von Bethlehem waren außer sich. Vor den Toren ihrer Stadt, in einem Stall, hatten sich Ausländer eingenistet. Zwischen einer Kuh, einem Esel – und wahrscheinlich Flöhen hatte die Frau ihr Kind zur Welt gebracht. Als kurze Zeit später auch noch 3 finstere Gestalten durch den Ort ritten, ein Neger, ein Araber und einer, der weiß Gott woher kam, total ausgeflippt angezogen, gefüllte Taschen, wer weiß womit und woher, war den guten Leuten von Bethlehem sofort klar, was die hier wollten: sie fragten natürlich nach den Ausländern! Und als nach ein paar Tagen Händler fragten, was denn bei dem alten Stall los sei, Hirten und wilde Typen herumlungerten, fröhliches Singen und Halleluja zu hören waren, wurde es den guten Leuten von Bethlehem zuviel: »Genug! Haschbrüder, Sektierer, Ausländer brauchen wir bei uns nicht!« Schnell war der Beschluß gefaßt, dieses Gesindel von anständigem Boden zu vertreiben. Aber wie? Auch damals brauchte man dazu eine anständige Verordnung. Und die war bald gefunden: »Hiermit wird festgelegt, daß es Ausländern und mit diesen verkehrenden Personen verboten sei, offenes Licht in geschlossenen Räumen zu brennen.« Gäbe es kein Feuer mehr, würde es dem gottlosen Völkchen bald sehr kalt werden...

Einer wurde hinausgeschickt, die neue Verordnung an die Stalltür zu nageln.

Die 3 Könige waren schockiert, Maria weinte, Josef fluchte und der kleine Jesus hatte Hunger.

Die Nacht brach herein. Es war bitterkalt in Bethlehem, bitterkalt. Es war die Kälte der Menschen, die so frierend machte. Die guten Leute saßen zu Hause vor ihren Feuern, und im Stall drängten sich die Menschen und das Vieh zusammen, um das Kind zu wärmen.

Nach 3 Tagen bekam das Neugeborene einen Husten und Fieber, und Maria sagte zu Josef: »Wir müssen weiterziehen, sonst stirbt er uns noch« – aber sie wußte, dort draußen bei den kalten Herzen, hatte das Kind überhaupt keine Chance.

Am 4. Tag kam das Dunkel noch früher als sonst, es war kalt wie nie zuvor, es fiel sogar Schnee in Bethlehem. Und die guten Leute saßen zu Hause vor ihren Feuern, und es wollte ihnen trotzdem nicht warm werden. Im Stall drängten sich die Menschen und das Vieh zusammen, um die Kälte dieser Welt zu ertragen, und draußen heulte der Wind, und er rüttelte und zerrte an der Stalltür, als wolle auch er nichts als Eis und Kälte über die Menschen leeren. Da hatte er es geschafft, die Tür flog mit einem gewaltigen Krachen auf, und...ein unbeschreibliches Licht erfüllte plötzlich den Raum, und der Wind, der nun in den Stall geschlichen kam, schmiegte sich zärtlich und warm um die Menschen. Kaum wagte einer zu atmen, so gebannt starrten sie zur Tür, in der ein Engel stand. Ein mächtiger, wunderschöner Engel – allein sein Anblick ließ es warm, sehr warm werden.

Das Licht war bis nach Bethlehem zu sehen und nun konnten die guten Leute der Eiseskälte ihrer Herzen endlich freien Lauf lassen: »Die Ausländer haben die Verordnung gebrochen! Brennt sie, verjagt sie, fort mit ihnen!«

Die ganze Horde zog hinaus, durch die eiskalte Nacht, die Mistgabeln und Fackeln bereit zum Vertreiben. Sie traten die Stalltür ein und erstarrten: wie eine Insel im stürmischen Meer, wie ein unendlich hoher Berg in weiter Ebene, wie ein Licht im Dunkeln – so lag das Kind vor ihnen in der Krippe.
»Ihr bringt uns euer Licht«, sagte Josef, »nett von euch, danke, aber wir brauchen es nicht mehr. Doch kommt ruhig näher, kommt!«
Und wie sie nähertraten, lief das Licht los – von einem zum anderen, zu allen Leuten von Bethlehem und von dort um die ganze Welt – bis alles Dunkel verschwunden und in helles Licht getaucht war...

Liebe wie Salz

Es war einmal ein König. Der hatte drei Töchter. Und jede Menge Langeweile. Eines Nachmittags dachte er sich ein hübsches Spielchen aus. Er ließ seine drei Mädels kommen, und eine jede von ihnen mußte dem Vater sagen, wie lieb sie ihn hätte. Hübsches Spielchen – haha.

Die Älteste überlegte und dachte – wenn der Alte sich solche blöde Sachen ausdenkt, bezweckt er was damit. Ich werde ihm also schmeicheln müssen – und sie sagte: »Vater, ich liebe dich wie die Sonne! Sie wärmt und läßt alles auf Erden wachsen.«

»Gutes Kind«, sagte der König und schob ihr 'ne Schatzkiste hin – wohl gefüllt mit Edelsteinen oder Gold oder mit... – man hat es nie erfahren...

Nun war die zweite Tochter an der Reihe und da sie ebenfalls an einem Trühchen interessiert war, sagte sie ohne Umschweife: »Ich, Vater, liebe dich wie mein Augenlicht! Was wäre es für ein Leben, die Schönheiten der Welt nicht sehen zu können, und was wäre das Leben ohne dich!«

»So hab' ich's mir vorgestellt«, lachte der König und warf der mittleren Tochter ein prall gefülltes Säckel in den Schoß. Wohl gefüllt mit irgendwelchen Schätzen, aber davon hat man nie etwas erfahren.

Die dritte Tochter antwortete ohne lange nachzudenken, dafür aus tiefstem Herzen:

»Ich liebe dich wie das Salz des Meeres!«

»Wie bitte?!« schrie der König, »du liebst mich wie Salz?! Nicht mehr als gewöhnliches Salz?! Undankbares Geschöpf!« – Und er jagte seine jüngste Tochter aus dem Schloß.

Bald darauf wurde am Hof ein königliches Fest gefeiert.

Das war die rechte Gelegenheit für die jüngste Tochter, sich ins Schloß zu schleichen, um ein bißchen Rache zu nehmen und dem Vater eine Lektion zu erteilen. (Die Tage zuvor hatte sie mit einem mittellosen Schäfer in dessen Hütte verbracht.)

Die junge Prinzessin schlüpfte in die Kleider eines Kammerdieners und lief schnurstracks

in die Küche. »Liebe Köchin«, sagte sie, »Ihr müßt mir helfen.«
»Junger Mann, wer bist du denn? Hab dich noch nie gesehen hier!«
»Erkennst du mich nicht – ich bin's doch, die Prinzessin, die der König davongejagt hat!«
»Jesus und alle Heiligen, IHR?!«
»Ja. Nun höre meinen Plan...«
Die Suppe wird aufgetragen. Alles löffelt, alles schaut etwas verwirrt, auch der König – aber er beherrscht sich.
Die Hauptspeise wird aufgetragen. Alles gabelt und messert, alles schaut etwas verwirrt, auch der König – bis er brüllt: »Was ist das für ein Essen, das man uns hier vorsetzt?! Es schmeckt nach nichts. Wie eingeschlafene Hermelinsocken. Man bringe mir sofort die Köchin!«
Die gute Alte kam und stand zitternd und sprachlos vor dem König. Da trat plötzlich ein junger Kammerdiener vor und sprach: »Mein König, ich habe der Köchin den Befehl gegeben, die Speisen nicht zu salzen.«
Der König lief apfelrot an und explodierte: »Bist du von Sinnen? Wie kommst du dazu,

Befehle zu geben. Wer bist du überhaupt?«
Da zog der Kammerdiener seine Kammerdienermütze vom Kopf und lächelte: »Ich bin's, deine Tochter. Ich wollte dir nur zeigen, wie wichtig und unentbehrlich Salz ist.«
Da sah der König sein Unrecht ein und bat seine jüngste Tochter, ihm zu verzeihen.
(Und da sie von nun an sein Liebling war, hatte er auch nichts gegen die Heirat mit dem mittellosen Schäfer einzuwenden...)

Das Buch

Ein Mensch hatte ein Buch Gottes geschenkt bekommen und freute sich darauf, es ernsthaft zu studieren. Auf dem Heimweg aber geriet er in ein Feuer und konnte nur das nackte Leben retten.
Das Buch ging dabei verloren.
Er trauerte ihm lange nach. Aber dann erinnerte er sich, oft gehört zu haben, daß in diesem Buch nur das Beste und Tiefste stünde.
Und er sagte sich: »Dann muß ich so leben, als hätte ich es gelesen. Vielleicht kann ich so den Verlust des Buches ausgleichen.«
Und er ging hin und tat ein Leben lang Gutes und Versöhnliches.
Als er aber starb und vor Gott trat, wurde er gefragt, was er für IHN getan habe. Der Mensch neigte den Kopf und antwortete: »Herr, ich weiß nicht, was ich für dich hätte tun sollen. Ich habe das Buch verloren, in dem es geschrieben stand. Vergib mir!«
Da befahl Gott: »Bringt ihm sein Buch!«

Da traten viele Menschen auf, die er getröstet, ermutigt und versöhnt hatte. Und Gott sprach: »Das ist dein Buch. Du hast es gelesen, ohne zu buchstabieren, und verstanden, ohne zu wissen.«
Da verstummte der Mensch vor Schrecken und Freude...

ISLAM

Almustafa

Almustafa gelangte zum Garten seiner Mutter und seines Vaters. Da trat er ein und schloß das Tor, damit niemand ihm folgen konnte.

Vierzig Tage und vierzig Nächte blieb er allein in diesem Haus und in diesem Garten. Und keiner kam, nicht einmal zum Tor, da es geschlossen war; denn alle wußten, er wollte alleine sein.

Und als die vierzig Tage und Nächte zu Ende waren, öffnete Almustafa das Tor, damit man eintreten konnte.

Und es kamen neun Männer, um im Garten mit ihm zu sein: drei Seeleute seines Schiffes, drei, die im Tempel gedient, und drei seiner Kameraden, welche mit ihm in der Kindheit gespielt hatten. Und sie wurden seine Schüler.

Eines Morgens saßen sie um ihn, doch es war Abwesenheit und Erinnerung in seinen Augen. Da sagte der Schüler, welcher Hafiz hieß:

»Meister, erzähle uns von der Stadt Orphalese und dem Land, in welchem du zwölf Jahre geweilt.«

Almustafa schwieg; und er richtete seinen Blick zu den Hügeln und sah zum unermeßlichen Himmel; und sein Schweigen brach.

Dann sprach er: »Meine Freunde und Weggefährten! Arm das Land, das voller Lehren ist, aber ohne Glauben.

Arm das Land, das Kleider trägt, die es nicht selber webte, das Brot ißt, das es nicht selbst erntete, und das Wein trinkt, der nicht aus eigener Kelter floß.

Arm das Land, das einen Tyrannen wie einen Helden verehrt und das einen ruhmbedeckten Eroberer für eine Wohltäter hält.

Arm das Land, das die Leidenschaft in seinen Träumen für gering achtet, aber sich ihr beim Erwachen unterwirft.

Arm das Land, das nicht seine Stimme erhebt, außer beim Begräbnis, das nichts rühmt, außer seine Ruinen und das sich nicht auflehnt, außer sein Hals liegt zwischen Schwert und Richtblock.

Arm das Land, dessen Führung arglistig ist, dessen Philosoph ein Gaukler und dessen Kunst Flickwerk und Fälschung ist.
Arm das Land, das seinen neuen Herrscher mit Trompetenstößen willkommen heißt und mit Hohngelächter ihn verabschiedet, nur um einen anderen wieder mit Trompeten zu begrüßen.
Arm das Land, darin die Weisen mit den Jahren schweigen und dessen stärkste Männer noch in der Wiege liegen. Arm das Land, das gespalten ist in Teile, und darin jeder Teil ein eigen Land sich nennt.«

Häuptling Kairé und der Totenkopf

Der junge Häuptling Kairé wohnt nahe am Fluß. In einem kleinen Dorf wohnt er zusammen mit seiner Frau. Eines Tages geht er auf die Jagd. Einen Hirsch will er jagen, denn Häuptling Kairé und seine Frau essen gern Fleisch.

Er geht in den Wald und jagt. Und als er da so lauert, sieht er, daß sich im Gebüsch etwas rührt. Er zielt und schießt seinen Pfeil ab. Er trifft: das Tier stürzt zu Boden. Häuptling Kairé geht hin. Was zieht er heraus? Einen Menschen. Einen Toten. Kairé ist entsetzt. Da sagt der Tote: »Kairé, fürchte dich nicht. Gut, du hast mich umgebracht, aber ich weiß, du hast es nicht absichtlich getan. Wenn du tust, was ich dir sage, dann werde ich dir nicht böse sein.« »Und was willst du, daß ich tun soll?« – »Schneide mir den Kopf ab, und nimm ihn mit heim. Den Leib aber wirf in den Fluß!«

Kairé tut alles, was der Kopf sagt. Er schneidet ihn ab, wirft den Leichnam in den Fluß, den Kopf aber legt er in einen Sack und nimmt ihn mit. Er geht und geht, da sagt der Kopf: »Laß mich herausschauen!« Kairé nimmt den Kopf heraus. »So, nun nimm einen Pfeil und schieß in jene Richtung!« Kairé tut alles genau so. Der Pfeil trifft einen Hirsch. Kairé hat ihn gar nicht gesehen. Der Hirsch ist tot. Kairé will sich den Hirsch auf die Schulter laden. Aber wie soll er dann den Kopf tragen? »Laß nur!« sagt der Kopf. »Ich rolle hinter dir her. Geh du nur voraus!«

Wie Kairé heimkommt erschrickt die Frau, weil hinter dem Häuptling ein Totenkopf gerollt kommt. »Du brauchst dich nicht zu fürchten!« sagt Kairé. »Der Kopf tut dir nichts. Er ist wie ein Bruder.«

Die Frau brät Fleisch und kocht den Brei. Als alles gargekocht ist, bringt sie es. »Willst du auch essen?« fragt Kairé den Totenkopf. »Ja«, sagt der Kopf, »wenn deine Frau mir das Fleisch vorkaut, denn meine Zähne sind nicht mehr gut. Aber den Brei kann ich so essen.«

So lebten sie zu dritt in der Hütte. Kairé geht

mit dem Kopf auf die Jagd. Aber nach vierzehn Tagen sagt der Kopf: »Nun liebe Freunde, muß ich für einige Tage fortgehen. Ich habe zu tun. Trag mich in den Wald! Lege mich dorthin, wo du mich getötet hast! In einer Woche kannst du wiederkommen, um mich zu holen.«

Kairé nimmt den Kopf, geht mit ihm in den Wald, und er legt ihn wieder dorthin, wo er ihn gefunden hatte.

Dann kehrt er nach Hause zurück. Eine Woche lang geht er auf die Jagd, eine Woche lang geht er zum Fischen, aber er trifft kein Wild und fängt keinen Fisch. Als dann der Kopf wieder bei ihm ist, hat er wieder Glück wie der beste Jäger.

So vergehen viele Monate. Kairé und seine Frau bekommen einen Sohn. Ein schönes Kind. Wenn der Kopf nicht mit Kairé auf der Jagd oder beim Fischen ist, sitzt er beim Kind. Das Kind wächst. Kairé und seine Frau bekommen auch noch eine Tochter. Von Zeit zu Zeit muß Kairé den Totenkopf in den Wald tragen, dann muß er ihn nach einer Woche wieder holen.

Eines Tages geht Kairé baden, die Frau aber ist in der Hütte. Die Kinder spielen im Gras. Da kommt eine giftige Schlange, die will die Kinder fressen. Aber der Kopf rollt auf sie zu und kämpft mit ihr.

Als Kairé heimkommt, findet er neben den Kindern eine Giftschlange mit zermalmtem Kopf.

Aber der Totenkopf ist krank. Er sagt: »Die Schlange hat mich gebissen. Ich bin voll Gift. Höre zu, und tu genau alles so, wie ich es dir sage!« – »Ich höre.« – »Gut. Nimm mich und verbrenne mich! Verbrenne mich so lange, bis alles zu Asche geworden ist! Dann fülle die Asche in einen Beutel. Du wirst dabei einen blauen Stein finden. Den nimm heraus und hänge ihn deiner Tochter als Amulett um! Die Asche aber vergrabe im Walde, wo du mich gefunden hast!«

Kairé macht alles genauso, wie es der Kopf befohlen hat. Er vergräbt die Asche im Wald, dort wächst eine Palme. Bei der Palme findet Kairé jede Woche Wild. Nur eine Woche im Monat findet er dort nichts.

Die Kinder werden groß, sie werden heiratsfähig. Es finden sich viele Burschen, welche die Tochter von Kairé heiraten wollen. Einer bekommt sie, ein Sohn eines Häuptlings.
Als er sich zu ihr in die Matte legen will, sieht er den blauen Stein, der leuchtet im Finstern. »Was hast du da am Hals?« fragt er. »Das ist ein Stein«, sagt die junge Frau. »Nein, das ist kein Stein. Das ist ein Zauberauge.« Und er läuft davon.
Einige Zeit später kommt wieder ein junger Bursche und heiratet das Mädchen. Und wieder, wie er sich zu ihr in die Matte legen will, sieht er den blauen Stein. »Was hast du da am Hals?« – »Einen Stein.« – »Nein, das ist ein Zauberauge. Es schaut mich ganz bös an.« Und auch der zweite Bursche läuft davon.
Jetzt haben alle Burschen Angst. Keiner mehr will das Mädchen heiraten. So vergehen viele Monate.
Eines Tages kommt ein junger, einäugiger Bursche. Es ist die Woche ohne Fleisch. Aber der Einäugige bringt Wild und Fische. Er setzt sich zu Kairé und sagt: »Deine Tochter gefällt mir.« – »Ja«, sagt Kairé, »aber sie hat

einen bösen Zauber, und deshalb will sie niemand haben.« – »Ich will sie schon haben«, sagt der Einäugige.
Einige Zeit später ist die Hochzeit. Am Abend steigt der Einäugige zum Mädchen in die Matte. »Laß mich einmal deinen Stein sehen!« – »Hier!« – Sie zeigt ihm den blauen Stein. Der Einäugige nimmt den Stein und steckt ihn sich in die Augenhöhle, wo das Auge fehlt.
Am anderen Tag sagt Kairé zu seiner Frau: »Der Einäugige ist besser als die anderen Burschen. Er ist nicht davongelaufen.« Da kommt ein Mann aus der Hütte der Tochter. Es ist kein Einäugiger, er hat zwei Augen. Eines davon ist blau.
»Schwiegervater«, sagt der Zweiäugige, »ich werde jetzt immer auf die Jagd gehen. Du brauchst nicht mehr zu arbeiten. Nur einmal im Monat, da werde ich fortgehen zu den Meinen. Dann kannst du hier im Fluß fischen. Du wirst immer viele Fische fangen.«
Und so war es.

Der Bock auf Pilgerreise

Jeder gute Muslim macht sich irgendwann in seinem Leben auf die Reise nach Mekka, der heiligen Stadt des Islam. Und wenn ihr es auch nicht glaubt – der Bock, dieses störrische Ziegentier, dankte Allah jeden Tag mit seinen Gebeten. Rief der Muezzin, ließ er das saftigste Gras stehen und lief in die Moschee. Und war keine in der Nähe, richtete er sich gegen Osten und senkte sein Haupt dort, wo er gerade stand.

So faßte der Bock den Entschluß, nach Mekka zu pilgern. Alle seine Verwandten und Freunde rieten ihm ab. »Bock, geh' nicht nach Mekka«, riefen sie, »geh' nicht nach Mekka! Es ist zu gefährlich. Unterwegs lauern tausend Gefahren auf dich – du wirst aufgefressen werden!«

Aber der Bock vertraute Allah, nahm seinen Honigtopf, den Pilgerstab und machte sich auf die weite Reise nach Mekka.

Er lief viele Tage und viele Nächte. Durch Wüsten und Wälder, über Berge und Flüsse.

Seine Reise stand unter einem guten Stern, bis...
Bis er vor den Toren einer Stadt auf eine Hyäne traf.
»Oh, wer bist denn du?« fragte die Hyäne.
»Der Bock. Auf Pilgerreise.«
»Auf Pilgerreise? Interessant. Wohin soll denn die Reise gehen?«
»Nach Mekka soll sie gehen, nach Mekka«, antwortete der Bock stolz.
»Nach Mekka, aha. Leider muß ich dich enttäuschen, Böcklein. Deine Reise wird nicht nach Mekka gehen. Deine Reise endet hier.«
»Aber...wieso...warum?!«
»DEIN Gott hat dir aufgetragen, nach Mekka zu pilgern und MEIN Gott hat mir aufgetragen, hier auf dich zu warten. Er sorgt gut für mich, mein Gott, und schickt mir dann und wann eine umherstreunende Ziege. Für ein Festessen!«
»Was?! Du willst mich doch nicht hier und jetzt auffressen?!« jammerte der Bock und fiel auf die Knie.
»Nein, nein, sei unbesorgt. Nicht hier und nicht jetzt. Ich bringe dich an einen sicheren

Ort und dort werde ich dich zu Ehren meines Gottes verspeisen.« – Und die Hyäne nahm den Bock auf ihren Rücken und trug ihn fort. Durch den Wald, durchs Geäst, an einen sicheren Ort. Es war eine Höhle. Eine dunkle, tiefe, sichere Höhle. Die Hyäne trat mit ihrer Beute ein, und als sich ihre Augen und die des Bocks an die Dunkelheit gewöhnt hatten, erblickten sie etwas, was beiden derart den Atem verschlug, daß sie einer Ohnmacht nahe waren: vor ihnen lag eine Löwin mit ihren Jungen!

»OHHH, Königin, DU hier?!« stotterte die Hyäne.

»JAAAAA«, fauchte die Löwin.

»Äh-ich-ich habe von deinem Zustand gehört – wie süß doch die Kleinen sind, gratuliere – und bin sofort hierhergeeilt, dir einen Bock als Geschenk zu bringen.«

»Lüge!« schrie der Bock, »alles Lüge, Majestät. Vor der Tür habe ich sie getroffen. Gerade eben. Ich war unterwegs, um dir ein Mittel zu bringen, das dir Kraft und Macht über deine Brüder verleiht.«

»Was, wie, welches Mittel?!« rief die Hyäne dazwischen.
Die Löwin sagte mit ruhiger Stimme: »Nun setzt euch erst mal und streitet nicht. Bock, du sagtest, du hättest ein Mittel für mich. Bist du denn ein Priester?«
Der Bock zögerte, doch dann antwortete er: »Ja – genau – ein Priester bin ich. Und obendrein noch ein Schriftgelehrter!«
»Oh, ein Schriftgelehrter! Einen Schriftgelehrten und Priester schickt man mir!« – die Löwin war sehr beeindruckt.
»Der ein Priester?! Ein Schriftgelehrter?!« fauchte die Hyäne, »wahrscheinlich ist er nichts anderes als ein abscheulicher Heide!«
»Hyäne«, schrie die Löwin, »beleidige nicht meine Religion und meinen Priester!« – und zum Bock gewandt – »aber nun sag: was für ein Mittel hast du mir denn mitgebracht? Eine Arznei, oder ein Amulett?«
Wieder zögerte der Bock, doch dann antwortete er: »Ja – genau – ein Amulett habe ich Euch gebracht. Denn eine Medizin braucht Ihr doch nicht. Das sieht ein jeder: Ihr seid gesund und kräftig!«

»Da hast du allerdings recht. Aber nun sag: auf welchem Papier wirst du dein Amulett schreiben?«

»Papier? Weißt du, Löwe, eine so schwierige und verantwortungsvolle Sache schreibe ich sehr ungern auf Papier. Es zerreißt so leicht. Normalerweise verwende ich in solchen Fällen – eine Hyänenhaut.«

»Lüge! Nichts als Lügen! Glaubt ihm nicht!« schrie die Hyäne und wollte sich schon auf den Bock stürzen.

»Hyäne, noch ein Wort, und ich vergesse meine Kleinen und zerreiße dich persönlich in Stücke. – Mein Bock, bevorzugst du eine trockene oder eine frische Hyänenhaut?«

»Besser wäre natürlich eine frische, klar!«

Die Hyäne machte einige kleine Schritte in Richtung Ausgang. »Da ihr zwei euch so prächtig versteht, bin ich wohl überflüssig...«

»Hehe, warte, warte, Hyäne«, rief die Löwin, »wir sprachen zwar nicht von dir, aber da du gerade hier bist – komm, gib uns ein Stück deiner Haut!«

»Tut mir leid, aber das ist unmöglich! Es tut so weh!«

»Wehleidiges Tier! Du weißt, wenn ich es mir nehme, tut es viel mehr weh! Also los!«
Die Hyäne mußte sich also ein Stück ihrer Haut aus der Seite reißen und warf es dem Bock vor die Füße.
Der nahm es, tauchte es in den Honigtopf, rührte damit kräftig um und überreichte es der Löwin.
Die nahm es und schluckte es hinunter. »Hm, schmeckt süß. Es ist nur nicht sehr ausgiebig. Komm, noch ein Stück!«
Die Hyäne mußte sich noch ein Stück aus ihrer Seite reißen und warf, nein, schleuderte es dem Bock vor die Füße. »Hier, du gottloser Hund!«
Der Bock nahm es, tauchte es in den Honigtopf, rührte damit kräftig um und überreichte es der Löwin.
Die nahm es und würgte es hinunter. »Ja, ich spüre schon, wie dein Amulett wirkt – ich beginne, wild zu werden! Aber ich brauche mehr, mehr!!«
Die Hyäne mußte sich noch ein Stück aus ihrer Seite reißen: »Das vergeß ich dir nie! Schurke!«

Der Bock nahm die Haut, tauchte sie in den Honigtopf, rührte damit kräftig um und überreichte sie der Löwin.

Die Löwin wollte sich das Amulett gerade in den Rachen werfen, als die Hyäne den Augenblick nützte, mit einem Satz zum Höhlenausgang sprang und davonjagte.

»Sie flieht«, schrie der Bock, »Königin, sie flieht!«

»Dieses gottlose Ding! Gönnt ihrer Königin nicht einmal ein kleines Stückchen Amulett« – und mit einem Satz war auch die Löwin beim Höhlenausgang und sprang hinter der Hyäne her.

Nur Augenblicke später hatte die Löwin die Hyäne eingeholt und sie mit einem Prankenhieb niedergeschlagen. Und mit einem Prankenhieb hatte sie ihr die ganze Haut abgezogen. Sie warf sich die Haut über die Schultern und kehrte zur Höhle zurück. »Hier, Bock, genug Haut zum Schreiben.« — Keine Antwort. Da sah sich die Löwin um. Kein Pilgerstab, kein Honigtopf, kein Bock war mehr zu sehen.

»Verrücktes Gesindel«, murmelte die Löwin und verzehrte die Hyänenhaut. Nach dem letzten Bissen sagte sie wütend: »Das Amulett schmeckt gar nicht mehr süß. Dann hat sie also nur die Tinte des Priesters süß gemacht. Seltsam, sehr seltsam...«

Der Tagdieb und der Nachtdieb

Es ist früher Morgen in Kairo. In den Straßencafes schlürfen Männer ihren Cafe. Wasserpfeifen brodeln. Der Muezzin ruft von der Moschee. Zwei fremde Männer treffen sich in dem Gewühl an einem der Tische. Bei Cafe. Vielleicht auch bei einer Wasserpfeife. Sie kommen ins Gespräch. Reden über dies und das. »Was ist dein Beruf?« fragt der eine.

»Nicht so wichtig«, sagt der andere.

»Komm schon, ist ja wohl kein Geheimnis!« drängt der eine.

Der andere rutscht heran ans fremde Ohr und flüstert: »Willst du es wirklich wissen? Ein Dieb bin ich, ein Dieb«.

Der Mann springt weder auf, noch hält er seine Taschen fest – im Gegenteil, er beginnt zu lachen. »Freund, ein Wink Allahs hat uns hierhergebracht – vor dir sitzt auch ein Dieb. Ein Nachtdieb wohlgemerkt!«

»Und ich«, sagt der andere, »bin ein Tagdieb! Das muß ein Grund zum Feiern sein!«
»Einverstanden«, sagt der Nachtdieb, »mein Haus soll deines sein.« Und sie brechen auf und ahnen nicht, wie schnell dahingesagte Worte tiefen Sinn ergeben.
Sie gehen durch die engen Straßen Kairos und der andere wundert sich , warum der eine genau den Weg zu sich nach Hause geht. »Komisch«, denkt er sich, »er lädt mich ein und geht zu mir nach Haus'.« Und wirklich, da bleiben sie vor dem Haus des anderen stehen, und der eine sagt: »Tagdieb! Sei willkommen in meinem Haus!«
»Was soll der Spaß?!« denkt sich der andere, »aber gut, ich spiele mit!«
Der Nachtdieb klopft, es öffnet sich die Tür, und heraus tritt eine Frau. Sie sieht den einen an, den anderen an und wird bleich.
»Begrüße meinen Freund«, sagt der Nachtdieb.
»Begrüße meinen Freund«, sagt der Tagdieb.
Die beiden sehen sich an und werden bleich.
»Das ist meine Frau«, sagt der eine.
»Es ist meine Frau«, sagt der andere.

»Nun sage ihm, wessen Frau du bist«, sagen beide wie im Chor.
»Du bist mein Nachtmann«, sagt die Frau und küßt den einen, »und du mein Tagmann« und küßt den anderen.
»Das hat sie sich klug ausgedacht«, sagen der Nachtdieb und der Tagdieb, »sie fischt sowohl bei Ebbe als auch bei Flut!« Doch statt sich nun die Schädel einzuschlagen, oder zumindest den der Frau, beschließen sie ein kleines Spiel. Es geht um einen Diebstahl, einen ganz besonderen. Wer sich als klüger, kecker, listiger erweist, bekommt die Frau, das Haus und Kairos Himmel!
Während die beiden ihre List aushecken, beginnt am anderen Ende von Kairo für einen dritten Fremden ein unheilvoller Tag. Er ist ein reicher Kaufmann und heute, ausgerechnet heute, wo die Diebe Listen stricken, will er in den Basar, um für sich und seine Frau ein bißchen einzukaufen.
»Frau«, ruft er, während er die Büsche tränkt, »fülle mir den Beutel voll mit Münzen und steck' ihn mir in die Taschen meines Rockes!« – Sie tut's.

Er reitet mit dem Diener los.

Zurück zu unseren Dieben. Sie sitzen am Eingang zum Basar. Wachsam und mit offenen Augen – wegen der List. Und der Frau und dem Haus. Da entdeckt der Tagdieb den Kaufmann und entdeckt die ausgebeulte Tasche – eine Beule, wie sie nur von Münzen verursacht wird. Er klopft dem Nachtdieb auf die Schultern und beginnt sein Werk.

Der Kaufmann verschwindet im Gewühl, gefolgt vom Diener und dem Dieb. Nur ein Moment im Gedränge, Kaufmannsschulter an Diebesschulter, und in der Tasche des Kaufmanns steckt satt des Beutels...eine Birne! Herrliche Frucht! Aber nicht nach dem Geschmack des Kaufmanns, der im Laden eines Händlers steht und seine eben ausgewählten Waren bezahlen will. Als er statt eines Beutels voller Geld eine reife Birne in den Händen hält, ruft er: »Verfluchte Alte, das soll sie mir bereuen!« – er ist leicht erregbar...

»Verzeih«, stammelt er zum Händler, »ich komme in einer halben Stunde wieder, verwahre mir das Zeug.«

Schon sitzt er auf dem Pferd und reitet wütend Richtung Heimat.
Zurück zu unserem Dieb. Der sitzt mit seinem Freund am Eingang des Basars und freut sich über den prall gefüllten Beutel. Da sprengt an ihm vorbei – der Kaufmann, wütend, das läßt sich leicht erkennen. Der Tagdieb ahnt die Chance der großen List, verfolgt den Ausgeraubten, erreicht ihn, als er in einem Menschenauflauf steckt, und was tut er: er tauscht, Allah muß es ihm befohlen haben, die Birne gegen den Beutel voll mit Münzen!
Der Kaufmann stürzt in sein Haus, zu seiner Frau: »Du willst mich wohl zum Gespött der Leute machen«, schreit er, »hier, sieh, was du mir in die Tasche...« – und er greift in das seidene Gewölbe und holt hervor – ihr wißt es, aber er weiß es noch nicht – und holt hervor den Beutel, gefüllt mit Münzen!
»Verzeih mir«, sagt er, steckt den Beutel ein, küßt die arme Frau und reitet wieder los.
Am Eingang des Basars lauert der Tagdieb – er weiß, der Kaufmann muß gleich kommen. Da kommt er. Verschwindet im Gewühl. Gefolgt vom Diener und dem Dieb.

Nur ein Moment im Gedränge, Kaufmannsschulter an Diebesschulter – und in der Tasche des Kaufmanns steckt statt des Beutels...die Birne!

»Zurückgekehrt«, ruft er erleichtert dem Händler zu und will bezahlen. Er steckt die Hand in seine Tasche... – ja, ihr wißt es, aber er weiß es noch nicht – und hält -bei Allah!- wieder eine Birne in der Hand.

»Bin ich des Wahnsinns, oder ist sie es oder wer?!« tobt der Kaufmann und sieht den Händler hämisch grinsen. »Oder wer???« schreit er plötzlich und stürzt sich auf den Händler. »Du bist es wohl, du gottloser Bandit, denn meine Frau kann es nicht sein!« Da springt hinter einem Sack, gefüllt mit Pflaumen aus dem Nildelta, der Tagdieb hervor und schwenkt den Beutel, den verfluchten.

»Verdächtigt nicht den Falschen«, ruft er keck dem Kaufmann zu, »ich bin's gewesen – schönen Dank und Lebewohl!«

Bevor der Kaufmann und der Händler und der Diener verstehen, worum es geht, ist der Dieb schon in der Menge verschwunden.

»Na, was sagst du?« lacht der Tagdieb.

»Nicht schlecht«, meint der Nachtdieb, »doch laß uns nun die Nacht abwarten, damit ich mit meiner List beginnen kann.«

Als der Mond mit langen Strahlen die Straßen Kairos leergefegt hat, machen sich der Nachtdieb und der Tagdieb auf den Weg. Der Nachtdieb hält vor einem stattlichen Haus.

»Das ist doch das Haus des Ibn ben Tulla«, flüstert der Tagdieb, »des Reichsten der Reichen. Der doch gerade gestorben ist. Dessen Vermögen doch der Sohn geerbt hat. Was willst du hier? Es geht um die List, nicht um die Menge.«

»Ja, ja, warte nur ab!« Der Nachtdieb wirft ein Seil auf die höchste Zinne des Palastes, und zusammen mit seinem Freund gelangt er auf das Dach des Hauses. In einem der Gemächer sehen sie den Sohn, wie er ein Schlüsselchen unter eine Kiste schiebt. Der Sohn, trunken vom plötzlichen Reichtum, verschwindet im Bett, mit wem oder irgendwie, und dies nützt der Nachtdieb. Er klettert hinunter und holt das Schlüsselchen unter der Kiste hervor und findet auch gleich den richtigen Raum: den mit dem Tresor. Was heißt Tresor?! Bei soviel Reichtum natürlich ein ganzes Zimmer. Er öffnet es, und was sieht er: vierzig Truhen. In jeder Truhe: genau 40 Säcke mit haarscharfen 1000 Münzen aus Gold.

Und was tut er: er nimmt aus jeder Truhe einen Sack. Nur einen. Nicht zwei, nicht drei, nicht vier. Mit diesen vierzig Säcken verschwinden die beiden aus dem Haus des reichsten Kaufmanns unter Kairos Sonne – Allah möge ihn gut bei sich aufnehmen!

»Wieso gerade ein Sack? Du hättest reich werden können?!« fragt der Tagdieb. »Geht es um die Menge, oder um die List?« fragt der Nachtdieb.

Es ist früher Morgen in Kairo. In den Straßencafes schlürfen Männer ihren Cafe. Wasserpfeifen brodeln. Der Muezzin ruft von der Moschee. Der Nachtdieb kommt zum vereinbarten Treffpunkt. »He, ho, Freund, was ist mit dir geschehen?« ruft der Tagdieb verwundert aus. Der Nachtdieb ist gekleidet in kostbare Gewänder, führt einen Esel mit sich und einen Diener. »Komm«, sagt er zum Freund, »wir haben eine kleine, aber wichtige

Arbeit vor uns.« Und er reitet mit seinem Gefolge zum Haus des Ibn ben Tulla.
Dort begrüßt er den Sohn des Ibn ben Tulla als hätten sie zusammen Al-Ahzar, Cairos Universität, besucht. Der Sohn lädt den höflichen Herrn samt seinem Gefolge ein, bei ihm einzukehren, und sie schwätzen und trinken Kaffee und rauchen Wasserpfeife und hören Musik – bis plötzlich der Nachtdieb sagt: »Nun aber genug vergnügt – nun möchte ich Euren Vater sprechen, den ehrenwerten Ibn ben Tulla.«
»Meinen Vater«, stottert der arme Sohn, »ja wißt Ihr es nicht, habt Ihr es nicht vernommen?!«
»Was soll ich vernommen haben?« fragt der Nachtdieb scheinheilig.
»Allah schenke ihm Friede – er ist tot!«
Als dies der Nachtdieb hört, verfällt er nicht etwa in tiefe Trauer und Schweigen – nein, er springt von seinem Kissen hoch, rauft sich die Haare, schreit, bis das ganze Haus zusammenläuft und ist kaum zu bändigen.
»Nun ich verstehe wohl, daß Euch der Schmerz über den Verlust meines Vaters

übermannt«, sagt der Sohn des Ibn ben Tulla, »aber...gibt es einen Grund für Eure so heftige Trauer?«

»Einen Grund?! Ja, wißt Ihr es etwa nicht?!« – und er beginnt noch lauter zu schreien – »ich habe vor vielen Jahren Eurem Vater meinen gesamten Besitz zur Aufbewahrung überlassen und bin nun gekommen, ihn abzuholen.«

Der Tumult endet wie er enden muß – vor dem Richter.

»Fremder, erzähle uns deine Geschichte«, sagt der Kadi.

Und der Nachtdieb erzählt: »Ich habe dem ehrenwerten Ibn ben Tulla vor vielen Jahren 40 Truhen gebracht. In jeder dieser Truhen befanden sich 39 Säcke mit je 1000 Münzen aus Gold.«

»Sohn des Ibn ben Tulla, was sagst du dazu?« fragt der Richter.

Und der Sohn des Ibn ben Tulla antwortet: »In meinem Haus befinden sich 40 Truhen. Da hat er recht. Aber es können nicht die sein, von denen er spricht, denn in jeder dieser Truhen befinden sich genau 40 Säcke mit je 1000 Münzen aus Gold.«

Der Richter notiert die Aussagen des Nachtdiebes und des Sohnes des Ibn ben Tulla, zieht sein Richtergewand über und marschiert zum Haus des Reichsten der Reichen. Man öffnet die Kammer und zählt die Truhen – 40.

Man öffnet die Truhen und zählt die Säcke – 37, 38, 39 ——

Der Sohn kriecht in die Truhe, wühlt, zählt, aber es werden nicht mehr – es sind 39, genau soviel, wie der Fremde es gesagt hatte. Und der Nachtdieb ladet 40 Truhen, gefüllt mit Münzen aus Gold, auf eilends herbeigerufene Kamele.

»Nun«, fragt der Nachtdieb, »welche List war die bessere?!«

»Deine«, sagt der Tagdieb, »du hast gewonnen. Alles!«

»Ich will nur mein Haus und meine Frau«, lacht der Nachtdieb, »die Truhen mögen Allahs Geschenk für deinen Kummer sein!«

Der Tod in Bagdad

Hassan, der Bäckerbursche, lief durch die Gassen. Da tauchte hinter einer Ecke plötzlich der Tod auf. Hassan erschrak wahrlich zu Tode, ließ den Korb mit den Broten fallen und rannte, so schnell ihn seine Füße tragen konnten, zurück in den Bäckerladen.

»Meister, Meister«, keuchte er, »ich muß sofort nach Bagdad. Leiht mir Euren Esel!«

»Bist du nicht bei Sinnen«, sagte der Bäcker, »du sollst Brote austragen, aber nicht in Bagdad! Was willst du dort?«

»Meister, ich habe den Tod getroffen, er will mich sicher holen, ich muß fliehen! Ich flehe Euch an, helft mir!«

Hassan war so außer sich, daß der Bäcker nicht anders konnte, als ihm wirklich seinen Esel zu leihen.

Weil der gute Mann der ganzen Geschichte aber nicht traute, ging er zu dem Platz, an dem Hassan den Tod angeblich getroffen hatte. Und wirklich – da stand er noch!

»Was treibst du mit meinem Jungen«, schimpfte der Bäcker, »der Arme ist völlig verwirrt und sagt, du würdest ihn holen kommen.«

»Auch ich war verwirrt«, antwortete der Tod, »denn ich habe wahrhaftig den Auftrag ihn zu holen. Er soll heute abend in Bagdad sterben. Deshalb war ich verwundert, ihn hier zu treffen...«

Mohammed und der Bettler

Auf seinem Weg durch die Dörfer traf der Prophet auf einen Bettler, der auf der Straße saß. Mohammed blieb stehen und fragte: »Wie kommt es, daß du hier sitzt und bettelst?«

»Ich habe das Leben zu sehr genossen!«

»Du meinst, du hast geraucht und getrunken und keine Gelegenheit zum Genießen ausgelassen?«

»Genau, Herr, so ist es!«

Da gab ihm Mohammed ein Goldstück.

Gleich neben diesem Bettler saß noch ein anderer. Und nachdem er das Gespräch mitangehört und das Goldstück funkeln gesehen hatte, hielt auch er dem Herrn seine Hand flehend entgegen und erhoffte Gnade.

Mohammed blieb auch bei diesem Mann stehen und fragte: »Wie kommt es, daß du hier sitzt und bettelst ?«

»Ach, das Leben hat mir bisher nur Unglück und Verdruß gebracht!«

»Du meinst, du hast nie geraucht, nie getrunken und nie Genüsse erlebt?«
»Ach, Herr, nichts von alledem. Ein bißchen Brot, Wasser, beten – das reicht mir vollends.«
Da gab ihm Mohammed einen Nickel...

Nun wirst du fragen: Mohammed – der Prophet, verteilt seine Gaben so ungerecht?
»Ich habe nichts anderes getan, als die Leiden beider zu lindern. Dazu benötigte der eine eben ein Goldstück, der andere nur einen Nickel..«

Der Acker des Lebens

Einem braven Bauern hatte Allah nichts als faule Söhne geschenkt. Bevor er starb, rief er die faule und geldgierige Bande zu sich und sagte: »Meine Söhne! Ich weiß, ihr habt nichts für mein Land übrig, doch will ich euch ein großes Geheimnis verraten. Auf einem meiner Felder ist ein großer Schatz versteckt. Wenn ihr nach ihm gräbt, wird er euch ewiges Glück bringen.«

Der Vater war kaum eine Woche begraben, sah man die Söhne schon auf den Äckern stehen und in der Erde wühlen. Aber nichts war zu finden.

Da nun aber die Erde schon einmal umgegraben war, war es nicht mehr viel Mühe, Korn zu pflanzen.

Es wurde ein gutes Jahr mit reicher Ernte. Sie verkauften alles Getreide und erwirtschafteten einen schönen Gewinn.

Als sie nun über die abgeernteten Felder sahen, erinnerten sie sich wieder an das Geheimnis ihres Vaters. »Was, wenn wir den Schatz übersehen haben?« dachten sie sich und begannen wieder zu graben. Ohne Erfolg. Dafür bauten sie in der umgepfügten Erde wieder Getreide an, und...so ging das weiter, bis sich die Söhne an diesen Kreislauf gewöhnt und erkannt hatten, welchen 'SCHATZ' ihnen der Vater hinterlassen hatte...

JUDENTUM

Der Fuchs im Kräutergarten

Ein hungriger Fuchs streunte durch die Gegend. Da brachte ihm seine Nase den Duft von frischen Kräutern. Er lief los, und nach nicht allzu langer Zeit stand er vor einem großen Kräutergarten. Aber dieser Kräutergarten war umgeben von einer hohen Mauer – der Fuchs schaffte es nicht, hinüberzuklettern. Er rannte an der Mauer entlang, um einen Durchschlupf zu finden. Und endlich – da war einer. Der Fuchs wollte schon hindurchschlüpfen...aber er schaffte es nicht: er war zu dick – oder das Loch zu klein.
Und die Kräuter dufteten so herrlich, dufteten so herrlich!
Also blieb dem Fuchs nichts anderes übrig, als zu fasten. Er fastete einen Tag, er fastete zwei Tage, er fastete drei Tage, und endlich war er dünn genug, um durch das Loch in den Kräutergarten hineinzuschlüpfen. OHO – wie fraß er sich mit den Kräutern voll! Er

fraß einen Tag, er fraß zwei Tage, er fraß drei Tage. Dann hatte er genug von Kräutern und wollte wieder durch das Loch hinaus...aber er schaffte es nicht: er war wieder zu dick geworden!
Und die Freiheit duftete so herrlich, duftete so herrlich!
Also blieb dem Fuchs nichts anderes übrig, als wieder zu fasten. Er fastete einen Tag, er fastete zwei Tage, er fastete drei Tage – dann war er wieder dünn genug, um durch das Loch in die Freiheit zu schlüpfen.
Als er draußen war, jammerte er: »Kräutergarten, Kräutergarten, hungrig kommt man zu dir, und hungrig muß man dich wieder verlassen!«

Der Fuchs als Anwalt

Einmal gerieten die Tiere in großen Zorn über ihren Herrscher. Sie kamen zusammen, berieten sich, ballten die Pfoten.

Aber sie hatten Angst – vor dem Herrscher.

So kamen sie überein, sich einen Anwalt zu nehmen, der ihre Sache vor dem Löwen vertreten sollte.

Doch dies war eine sehr schwierige Sache.

Die Eule war zu klug.

Das Reh zu schwach.

Die Giraffe trug ihren Kopf zu weit oben.

Da trat der Fuchs vor das Volk und sagte: »Leute, nehmt mich zu eurem Anwalt«.

»Nein, Fuchs«, riefen die Tiere, »du bist uns zu schlau!«

»Aber Freunde, ich weiß dreihundert Märchen zu erzählen! Die werden den Löwen sicherlich besänftigen.«

»Dreihundert Märchen?! Das ist viel. Gut, Fuchs, wir nehmen dich zu unserem Anwalt!«

Nun zog die ganze Horde los. Allen voran der Fuchs. Sie waren noch nicht lange unterwegs, als der Fuchs plötzlich anhielt. »Himmel und Hölle! Ich weiß nicht wieso, aber eben habe ich einhundert Märchen vergessen!«

»Naja, zweihundert Märchen sind auch noch eine ganze Menge. Für den Löwen werden sie sicher ausreichend sein.« Und sie zogen weiter. Aber schon nach kurzer Zeit stoppte der Fuchs wieder.

»Ich kann es mir selbst nicht erklären, aber gerade habe ich wieder einhundert Märchen vergessen.«

»HM, hundert Märchen sind nicht mehr besonders viel. Das wird knapp. Aber nun sind wir schon so knapp vor dem Ziel. Kommt, laßt es uns versuchen!« riefen die Tiere und zogen weiter.

Vor ihnen lag die Höhle des Löwen. Sie traten ein und sammelten sich vor dem Herrscherthron. Der Fuchs trat vor und wollte mit seiner Anklage beginnen, als er sich plötzlich die Pfote auf die Stirn schlug und aufschrie: »Mein Gott! Soeben habe ich die letzten hundert Märchen vergessen!« – und schelmisch fügte er hinzu – »nun muß ein jeder von euch seine Beschwerden selbst vorbringen!« – Und damit verschwand er aus der Höhle und wurde nie mehr gesehen...

Die Löffel

Eines Tages kam ein weiser Rabbi zu Gott und sagte: »Herr, ich habe ein Problem. Meine Schüler fragen mich, wie man den Himmel von der Hölle unterscheiden könne. Da ich beides nicht kenne, fällt mir keine Antwort dazu ein. Kannst du mir nicht helfen?«
»Klar, mein Freund, komm mit!« Und Gott nahm den Rabbi bei der Hand und führte ihn in einen großen Saal. In der Mitte des Saales brannte ein Feuer. Auf dem Feuer brodelte eine köstliche Suppe. Um den Topf saßen viele Menschen – mit langen Löffeln in ihren Händen.
Aber – die Menschen sahen krank, hungrig und elend aus.
»Wie kommt das?« fragte der Rabbi und schaute genau – da sah er es: die Löffel in den Händen der Menschen waren zu lange, um sie in den Mund zu bringen.
»Wo bin denn hier?« fragte der Rabbi.
»Das, mein Freund, ist die Hölle!«

Und Gott nahm den Rabbi bei der Hand und führte ihn in einen anderen Raum. Die gleiche Szene: ein Feuer, Topf mit einer köstlichen Suppe, viele Menschen um das Feuer – mit langen Löffeln in ihren Händen.

Aber – diese Menschen sahen satt, gesund und zufrieden aus.

»Wie kommt denn das?« fragte der Rabbi und schaute genau – da sah er es: diese Menschen fütterten einander, gaben sich gegenseitig zu essen!

»Ahnst du, wo du hier bist?« lächelte Gott, »das ist der Himmel!«

Der Schmetterling

Ein junger, von sich selbst eingenommener Talmudschüler hatte von einem sehr weisen Rabbi gehört. »Ich werde dem Rabbi eine Aufgabe stellen, die er nicht lösen wird können. Ich werde ihn fragen, ob der Schmetterling in meiner Hand tot oder lebendig ist. Antwortet der Rabbi mit – er ist tot -, öffne ich die Hand, und der Schmetterling fliegt in die Freiheit. Antwortet der Rabbi – er lebt –, ein kleiner Faustdruck, und der Schmetterling ist tot.«

»Nun, Rabbi, was meint ihr? Ist der Schmetterling in meiner Hand tot oder lebendig?!«

Der Rabbi überlegte, und dann sagte er: »Das, mein Sohn, liegt in deiner Hand...«

Chassidisches Problem

Ein junger, aufgeregter Schüler kam zu seinem Rabbi: »Rabbi, ich habe ein Problem. Ich denke seit Tagen darüber nach, aber es will mir keine Lösung einfallen.«
»Sprich, um welches Problem handelt es sich?«
»Es ist...es ist mir sehr unangenehm, es auszusprechen. In Eurer Gegenwart spricht man nicht über solche Dinge.«
»Du kannst mit mir über alles sprechen. Also, was ist es?«
»Rabbi, Ihr habt mir doch einmal erklärt, alles in der Welt ist in Harmonie, hat einen tieferen Sinn. Nun gibt es aber etwas, was in dieses Bild nicht passen will. Es ist...wie soll ich es sagen...nun: es ist nicht einzusehen, warum ein Furz stinkt. Es würde doch auch sein Geräusch genügen.«
»Das also ist es, was so schwer über deine Lippen ging. Aber, mein Sohn, ich kann dich beruhigen. Gott hat sich auch dabei et-

was gedacht: der Furz stinkt, damit auch die tauben Menschen ihr Vergnügen daran haben...«

Der häßlichste Mensch

Es war einmal ein Mensch, der war so häßlich, daß man ohnmächtig umfiel, wenn man ihn zu Gesicht bekam. So erging es auch ihm selbst, wenn er vor den Spiegel trat.
Er lebte in einer kleinen Dachkammer und getraute sich nur in der Dunkelheit auf die Straßen. Den ganzen Kopf eingehüllt in Tücher- nur die Augen waren zu sehen.
Bei einem seiner nächtlichen Streifzüge kam er an einer Bude vorüber, an der Lose verkauft wurden.
»Hab' sicher kein Glück«, dachte er sich, »aber auf einen Groschen soll es mir nicht ankommen.«
Eine Woche später las er auf einem Plakat: Den Hauptpreis der Lotterie hat gewonnen das Los mit der Nummer... Der Mann traute seinen Augen nicht: »Das ist ja meine Nummer!« schrie er und riß sich die Tücher vom Kopf, worauf einige Damen in seiner Umgebung ohnmächtig zusammenbrachen...

Der häßliche Mann hatte eine Million gewonnen! Und er wußte, was er mit diesem Geld anfangen wollte. Er hatte von einem berühmten Schönheitssanatorium in der Schweiz gehört – dort fuhr er schon am nächsten Tag hin.

Ein ganzes Jahr wurde der Mann behandelt und operiert, bis man ihn eines Tages vor einen Spiegel führte: er konnte nicht glauben, was er da sah! Einen Traummann! Von einer Schönheit, wie man sie sonst nur von der Leinwand kennt.

Als glücklichster Mensch verließ er das Sanatorium. Zum ersten Mal in seinem Leben bei Tageslicht unter Menschen! Er konnte es nicht fassen. Er lief und lief und lief über die Straße — und übersah einen Lastwagen, der den ehemals häßlichsten Mann zu Tode rollte.

Während eine Menschenmenge sich um den Unglücksort sammelte, schwebte die Seele des Mannes gegen den Himmel.

An der Himmelpforte saß auf einer Wolke der Engel Gabriel, der die Neuankömmlinge begrüßt.

»Ich verstehe Euch nicht«, brüllte der Mann los, »zuerst laßt Ihr mich vierzig lange Jahre wegen meiner Häßlichkeit leiden, dann laßt Ihr mich in der Lotterie gewinnen, und dann tötet Ihr mich! Das verstehe ich nicht!«
»Mein Gott«, rief Gabriel entsetzt, »das bist DU?!?! Wir haben dich nicht erkannt!«

Der Dieb

Es geschah in Bagdad, und wahrscheinlich hätte nie jemand davon erfahren, hätte die ganze Sache nicht ein wunderbares Ende genommen.

Ein Jude war bei einem Diebstahl entdeckt worden. Es war nicht viel gewesen – ein paar Fladen für seine sieben hungrigen Kinder – aber er war Jude, und es geschah in Bagdad.

Das Gericht verhandelte schnell, und der Jude wurde zum Tode verurteilt.

Der Henker führte den Juden zum Galgen. Die Schlinge lag schon um den Hals, als der Henker sich seiner Pflicht erinnerte und fragte: »Noch einen letzten Wunsch, Jude?«

»Ajaj, was soll ich mir wünschen? Bin ich doch gleich tot. Es tut mir nur um mein Geheimnis so leid!«

Der Henker rückte ein Stückchen näher heran: »Ein Geheimnis? Was für ein Geheimnis?« – Von Juden hatte man ja die merkwür-

digsten Dinge gehört. – »Ach, Henker, weißt du, ich kenne ein gutes Geheimnis. Das hätte unserem Sultan sicherlich gefallen. Schade drum.«
Nun dachte sich der Henker: wenn der Jude wirklich ein Geheimnis kennt, und ich bringe ihn zum Sultan, und dem Sultan gefällt das Geheimnis, dann springt vielleicht sogar für mich dabei was ab. Und er dachte sich: der Tod ist kein Vögelchen, der fliegt mir nicht davon, ich kann den Juden auch noch morgen hängen! – »Gut, Jude, ich bringe dich zum Sultan!«
Als der Sultan von dieser merkwürdigen Geschichte hörte, ließ er den Juden wirklich zu sich kommen. Der Hofstaat mußte den Saal verlassen, dann winkte der Herrscher den zum Tode Verurteilten nah an sein Ohr: »Also, Jude, was ist das für ein Geheimnis?!«
»Hochverehrter Sultan«, sagte der Jude, »mein Geheimnis ist das Geheimnis des Apfelbaumes!«
»Des Apfelbaumes? Aha, des Apfelbaumes.«
»Hochverehrter Sultan! Ich weiß, wie man ein Samenkorn eines Apfelbaumes in die

Erde wirft, damit daraus am nächsten Morgen ein großer, blühender Apfelbaum wächst!«

Der Sultan hatte alle Schätze in seiner Schatzkammer, aber so ein Geheimnis hätte ihm schon gefallen. Und er dachte sich: der Tod ist kein Vögelchen, der fliegt mir nicht davon, ich kann den Juden auch noch morgen hängen lassen. »Gut, Jude, wir probieren dein Geheimnis aus!«

Am nächsten Morgen versammelte sich der ganze Hofstaat im Garten des Sultans. Der Jude hob eine Grube aus, nahm ein Samenkorn und sprach: »Dieses Samenkorn muß nun in die Erde geworfen werden, damit daraus bis zum nächsten Morgen ein großer, blühender Apfelbaum erwächst. Aber: nur derjenige, der noch nie in seinem Leben etwas gestohlen hat, darf das Samenkorn in die Erde werfen. Ich bin ein Dieb, Ihr wißt, ich kann es nicht tun. Bitte, Sultan, wählt Ihr jemanden aus Eurem Hofstaat, der das Samenkorn in die Erde wirft.«

Das leuchtete dem Sultan ein. Und einen geeigneten Mann hatte er auch – seinen engsten

Vertrauten, den Kanzler. »Kanzler, komm, wirf du das Samenkorn in die Erde.«
Der Kanzler nahm es, warf es in die Erde, der Jude schüttete die Grube zu. Am nächsten Morgen trafen sich wieder alle im Garten des Sultans. Aber außer etwas aufgewühlter Erde war am Platz der Pflanzung überhaupt nichts zu sehen.
»Jude«, brüllte der Sultan, »du bist nicht nur ein Dieb, sondern auch ein Lügner. Nun sollst du einen noch viel schlimmeren Tod erleiden!«
»Mein Sultan«, verteidigte sich der Jude, »für das Wunder stehe ich gerade. Daß es nicht geklappt hat, liegt wahrscheinlich an Eurem Kanzler.«
Der Sultan blickte erstaunt und verwirrt zu seinem Kanzler, und der schaute beschämt zu Boden. Dann sagte er: »Der Jude hat recht, ehrenwerter Sultan. Vor vielen, vielen Jahren hatte ich eine Münze an mich genommen, die vom Tisch gefallen war. Jetzt erst erkenne ich – ich hatte sie damals gestohlen...«
Der Sultan blickte in die Runde seines Hofstaates. »Wenn mein Kanzler mich schon be-

trügt – Schatzmeister, wie sieht es mit dir aus!? Komm, wirf das Samenkorn in die Erde!«

Der Schatzmeister, der gerade miterlebt hatte, wie es dem Kanzler ergangen war, wollte sich nicht blamieren, sondern sagte gleich: »OH, Sultan, die Versuchung bei all diesen Schätzen ist so groß. Wen wundert es, daß ich einmal nicht widerstehen konnte und einen goldenen Ring an mich genommen habe. Ich flehe Euch an, verzeiht mir, verzeiht mir!«

Der Sultan war apfelrot angelaufen, blickte wütend in die Runde und wollte schon den nächsten wählen — als der Jude plötzlich sagte: »Sultan, wählt keinen mehr aus Eurem Hofstaat. Bei einer so schwierigen Sache könnt Ihr nur...Euch selbst vertrauen. Werft Ihr das Samenkorn in die Erde.«

Schweigen – kein Atem war zu hören. Dann sagte der Sultan ganz leise: »Auch ich bin nicht frei von Schuld. Als Kind hatte ich mir oft Süßwaren aus den Kästen der Köche geholt. Es war Diebstahl, sie gehörten nicht mir. Jude , jetzt sehe ich, was dein größtes Geheimnis ist: deine Klugheit, deine Weisheit. Ich schenke dir das Leben! Du bist frei!« Obendrein befahl der Sultan, dem Juden noch einen Esel, vollbepackt mit Essen, mitzugeben. So konnten der Jude und seine Familie an diesem Abend zum ersten Mal mit vollem Bauch zu Bett gehen...

Der neugierige Geysel

Chelm ist eine sonderbare Stadt. Und der sonderbarste Mensch von Chelm war der Geysel. Ihr könnt euch also vorstellen, wie sonderbar dieser Geysel gewesen sein muß! Der Geysel war ein Schuster. Und ein krankhaft neugieriger Mensch. Wegen seiner Neugierde brauchte es oft Wochen, bis er einen Schuh gefertig hatte. Denn immer und überall lauerte etwas, das ihn von seiner Arbeit abhielt. Ging er in die Stadt, um Leder oder Bänder zu kaufen, kam er sicher nicht vor Abend heim. Er blieb stehen und starrte durch offene Türen, er fand irgendetwas auf der Straße, oder er stellte sich zu irgendwelchen Menschen und lauschte.

An einem Nachmittag war der Geysel wieder mal unterwegs. An einer Straßenecke kam er an zwei Männern vorbei, Fremde, wie es schien, die sich unterhielten. Natürlich blieb unser Geysel stehen und spitzte seine Ohren. Die beiden Männer unterhielten sich über eine Stadt. Es mußte eine wunderbare Stadt sein. Jeder bemühte sich, den anderen in seiner Schilderung zu übertreffen. Und die Ohren des Geysels wurden immer größer und er wurde immer aufgeregter. »Und diese Straßen!« sagte der eine. »Und erst diese unglaublichen Menschen!« schwärmte der andere. Und der Geysel war den beiden schon ganz nah gekommen, fast klebte er an ihren Lippen. Endlich hörte er auch den Namen dieser außergewöhnlichen Stadt: es war Warschau!

Wie benommen von diesen wunderbaren Erzählungen schlich der Geysel nach Hause, und in seinem Kopf drehte sich alles nur noch um Warschau. Als er über die Schwelle seines Hauses trat, hatte er bereits einen festen Entschluß gefaßt: er wollte, nein, er mußte nach Warschau gehen!

Seine Frau, die Frodel, war gerade mit den Vorbereitungen für Sabbath beschäftigt, als der Geysel völlig verstört die Küche betrat. »Frodel«, sagte er, »ich muß nach Warschau!« »Um Himmels Willen, was ist mit dir geschehen«, jammerte sie, »und was willste denn in Warschau? Gefällt dir unser Chelm nicht mehr?!«

»Doch, doch, aber was ist Chelm gegen diese Stadt? Frodel, ich sage dir, ich kann nicht mehr leben, ohne diese Stadt gesehen zu haben.«

»Und ich? Und die Kinder? Was soll aus uns werden?«

»Aber ich komme doch bald wieder zurück. Ich gehe nach Warschau, schau' mir alles genau an und bin spätestens in zwei oder drei Tagen wieder zurück. Und ich bringe euch allen Geschenke mit!«

Die Frodel sah ein, daß es keinen Sinn hatte, den Geysel aufzuhalten – sie packte ihm die notwendigsten Sachen für die Reise ein.

Schon vor Tagesanbruch war der Geysel unterwegs. Er marschierte flott dahin und war gut gelaunt, wie schon lange nicht mehr. Er freute sich und sang und hatte für jeden, der ihm begegnete, ein Lachen übrig. Nach einiger Zeit aber begannen seine Füße zu schmerzen, und außerdem begann sein Magen, nach der Jause zu verlangen.

Der Geysel setzte sich ins Gras, lockerte den Gürtel, zog sich die Schuhe aus, aß den Fla-

den und trank einen Schluck aus der Wasserflasche.
»Jetzt hätte ich Lust auf ein Nickerchen«, sagte er vor sich hin, »warum eigentlich nicht. Warschau läuft mir nicht davon! Komm ich eben ein paar Stunden später hin.«
Er lehnte sich also zurück und schloß die Augen. »Halt«, durchzuckte es ihn plötzlich, »was, wenn ich aufwache und nicht mehr weiß, in welche Richtung ich zu gehen habe. Ich kenne dich ja, Geysel, ich kenne dich!«
Da sah er vor sich seine Schuhe stehen. »Ja, das ist eine einfache, aber gute Idee. Ich stelle die Schuhe so, daß ihre Spitzen nach Warschau zeigen und die Fersen nach Chelm. Bist doch ein kluges Kerlchen, Geysel«, sagte er, drehte sich zur Seite und schlief ein.
Keine zehn Minuten waren vergangen, holperte ein mit Reisig beladener Wagen heran. Da geschah das Unglück: während der Geysel schlief, verfing sich ein langer Zweig in seinen Schuhen, und als der Wagen vorüber war, da zeigten die Spitzen nach Chelm und die Fersen nach Warschau.

Doch von all diesen Dingen bemerkte der Geysel nichts. Er träumte gerade einen wunderbaren Traum: er war zu einer Hochzeit eingeladen. Eine große, prunkvolle Hochzeit mit vielen fröhlichen Menschen. Es wurde gegessen und getrunken, gelacht und getanzt. Und mitten drin – der Geysel. Er war so glücklich, nicht nur, weil er gerade mit einer schönen Frau wild tanzte. So wild tanzte, daß er dabei an einen Tisch anschlug und...
Und erwachte.
Er schreckte hoch, wußte weder, wo er sich befand, noch, wie er hierher gekommen war. »Warschau! Ja, ich bin auf dem Weg nach Warschau.« – Aber so wie er es vorausgesehen hatte, wußte er nicht mehr, in welche Richtung er gehen sollte. Da sah er seine Schuhe! »Oh, Geysel, du kluger Kerl. Jetzt kann ich mich erinnern. Die Spitzen nach Warschau, die Fersen nach Chelm! Die Spitzen nach Warschau, die Fersen nach Chelm!« Und rasch zog er seine Schuhe an und marschierte in die Richtung, die ihm die Schuhspitzen gezeigt hatten.

Nach gar nicht langer Zeit, stand er vor den Toren einer Stadt. »Seltsam«, dachte sich der Geysel, »Warschau ist viel näher, als ich dachte!« Er atmete tief durch und betrat die wunderbare, unglaubliche Stadt seiner Träume! Er lief durch die Straßen, betrachtete die Häuser und blieb vor den Buden stehen. »Warschau ist wirklich einmalig«, sagte er immer wieder vor sich hin, »es kommt einem alles so bekannt vor, man fühlt sich gleich wie zu Hause.« So wunderte es ihn gar nicht, daß er plötzlich vor der Synagoge stand. Er fand sie genau an dem Platz, an dem sie auch in seiner Heimatstadt Chelm war. Er trat ein und schrie fast auf vor Entzücken: der Synagogendiener von Warschau glich dem Synagogendiener von Chelm wie ein Ei dem anderen. Auch die Leute, die er in der Synagoge traf, kamen ihm alle so bekannt vor.

»Die Kaufleute, denen ich damals zuhörte, hatten recht: Warschau ist eine Stadt voller Wunder!«

Er lief weiter, wollte alles sehen, die Straßen, die so anders aussahen als in diesem langweiligen Chelm, die Häuser, die viel hübscher herausgeputzt waren als in diesem langweiligen Chelm, die Buden, die ganz andere Waren anboten, als in diesem langweiligen Chelm. Und er lief und lief, und seine Füße führten ihn wie von allein zu der Straße, in der in Chelm sein Haus stand. Und wirklich – da stand es! Der Geysel war einfach fassungslos. Er öffnete das Tor und sah im Garten vier Kinder spielen. Hätte er nicht ganz genau gewußt, daß er sich in Warschau befand, er hätte sie beim Namen rufen können, den Josi, den Jankele, den Oded und die Rebecca!

Da ging die Haustür auf, und heraus trat eine Frau. Der Geysel erstarrte: war sie's nun, oder war sie's nicht? Aber bevor er sich selbst eine Antwort geben konnte, rief die Frau: »Kinder, der Geysel ist wieder da, der Geysel ist wieder da!« Und die Kinder kamen gelaufen und nahmen den Geysel bei der Hand und führten ihn ins Haus, an den Tisch, genau an den Platz, an dem er auch in seinem Haus in Chelm immer saß. Die Frau brachte sein Lieblingsessen auf den Tisch – »zur Begrüßung«, wie sie sagte.

Der Geysel verstand nichts mehr. »Was, wenn plötzlich der Warschauer Geysel bei der Tür hereinkommt?!« dachte er sich, »und man entdeckt, daß ich gar nicht der bin, für den sie mich halten?« Aber das Essen duftete, und die Frau und die Kinder waren so freundlich, und so blieb er sitzen und aß. Und wartete auf den Warschauer Geysel. Aber der kam nicht. Die Kinder waren schon zu Bett gegangen, und die Frau rief jetzt aus dem Schlafzimmer nach ihm: »Geysel, komm, so komm doch!« – na, ging er eben in das Schlafzimmer – »der kommt heute sicher nicht mehr, der andere Geysel« – und schloß hinter sich die Tür.

Am nächsten Morgen war der Warschauer Geysel noch immer nicht da. Auch nach einer Woche nicht.

»Ich bleibe«, sagte sich der Chelmer Geysel, »erstens wäre es jetzt dumm zu gehen, wo es mir doch hier so gut geht, und zweitens würde es zu Hause sicher nur Streit geben, weil ich schon so lange weg bin. Und Geschenke habe ich auch noch keine.«

So blieb der Chelmer Geysel in Warschau und wartete bis an sein Lebensende darauf, den Warschauer Geysel kennenzulernen. Vergebens.

Der Tempel der Bruderliebe

Wo heute der Tempel der Bruderliebe steht, war einst ein Acker. Der gehörte zwei Brüdern. Jeder hatte eine Hälfte des Landes vom Vater geerbt.
Der eine Bruder war reich und ohne Familie. Der andere Bruder war arm und hatte 5 Kinder.
Der reiche Bruder sah hinüber zum armen Bruder und dachte sich: »Er könnte wohl ein bißchen mehr gebrauchen. Aber ich kenne ihn, er würde nichts von mir annehmen.«
Also schlich er in der Nacht hinüber, auf das Feld des Bruders und brachte ihm einige Getreidebündel.
Der arme Bruder stand indessen an den Betten seiner Kinder und dachte sich: »Wie reich ich doch bin! Mein armer Bruder hat niemanden. Nur seinen Reichtum. Ich möchte ihm helfen, aber er würde natürlich niemals etwas von mir annehmen.«

Also schlich auch der arme Bruder in dieser Nacht auf sein Feld, packte einige Getreidebündel und brachte sie hinüber, auf das Feld seines Bruders.
Am nächsten Morgen wunderten sich beide, wieso auf ihrem Feld kein Getreide fehlte.
So ging es einige Nächte lang. Und am Morgen fehlte nie ein Getreidehalm.
In einer Nacht waren wieder beide mit Getreidebündel auf dem Rücken auf dem Weg zum Feld des Bruders. Da begegneten sie einander...
Da wußte Gott, wo der Tempel der Bruderliebe gebaut werden sollte!

Von der Erschaffung der Welt

Gott war sehr beschäftigt mit der Erschaffung der Welt. Anfangs war er nicht recht zufrieden mit dem, was da seiner Hand entstieg. Aber in einem guten Moment spannte er seinen Arm und zog über seinen Kopf einen Kreis – und hatte den Himmel erschaffen!

Er umfaßte das Nichts mit seinen Armen, als wäre es eine Kugel – und hatte die Erde erschaffen!

Bevor er sich jedoch mit weiterem Schöpfen beschäftigen konnte, kam die Erde und jammerte: »Gott, ich will dir auch so nahe sein, wie der Himmel es ist.«

Gott tröstete die Erde und versprach ihr, dafür zu sorgen, daß sie sich nie einsam fühlen werde. Und erschuf Wasser und Berge, Pflanzen und Tiere und Menschen.

Alles lag noch in tiefer Dunkelheit. Gott aber wollte seine Geschöpfe bewundern – so erdachte er sich Sonne und Mond.

Sobald die beiden am Himmel erschienen waren, erstrahlte alles in hellem Licht. Damals waren Sonne und Mond gleich groß, und beide übergossen die Welt mit ihrem Licht.

Bald darauf erschien der Mond am Gottesthron: »Hör mal, Gott! Ich finde deine Schöpfung ja wirklich gut, aber...meinst du nicht auch, es würde reichen, wenn einer von uns Licht verstrahlt? Ich würde...«

Gott hob seine Hände, und Schweigen trat ein. Traurig betrachtete er sein Werk, und traurig mußte er erkennen, daß mit Frieden auch Zwietracht und Neid in die Welt gekommen waren.

Er wandte sich zum Mond und sprach: »Mond, du sollst lernen zu teilen. Ich werde aus dir Millionen Sterne schaffen. Und du sollst lernen, dich unterzuordnen. Du wirst dein Licht von nun an von der Sonne empfangen. Und du sollst lernen, bescheiden zu sein. Von nun an sollst du im Schatten der Erde stehen.«

Und so geschah es.

Der Mond flehte Gott an, ihm doch zu verzeihen.

»Du hast dein Los zu tragen, aber ich will dich trösten: ein Menschenvolk, das Volk der Juden, wird ihre Tage nach dir berechnen und dir seine Gebete schenken.«

Und noch heute berechnen die Juden ihren Kalender nach dem Mond und nicht, wie andere Völker, nach der Sonne.

Der wundersame Rabbi

Ein Rabbi ist ein sehr gelehrter Mann. Lebt für Gott und für die Thora. Braucht nicht viel für sein Auskommen. So ein Mann und noch viel mehr war der Rabbi Chanina ben Dossa. Sein ganzes Leben hatte er damit verbracht, die Thora zu studieren und sein Wissen und seinen Glauben an die Schüler weiterzugeben. Das irdische Leben kümmerte ihn wenig. Er aß, um nicht zu verhungern, er schlief, um stark für den Morgen zu sein, und er hatte eine Frau, die alles andere besorgte.

Ja, die Frau des Rabbi Chanina ben Dossa hatte es nicht leicht. Ihr Mann brachte ja kein Geld heim, denn, so sagte er immer, die Lehre Gottes läßt sich nicht in Geld aufwiegen. Aber aus den Lehren Gottes läßt sich kein Kartoffelgulasch machen. So mußte die Frau des Rabbi selbst sehen, wo sie ein paar Groschen hernahm, um ihrem Rabbi etwas Eßbares auf den Tisch zu setzen.

Am schlimmsten war es immer zu Sabbath. Wenn die Nachbarsfrauen die Fladen backten, den Fisch zubereiteten, saß die Frau des Rabbi in ihrer Küche und zählte das Johannisbrot. Weil ihr die Armut so peinlich war, heizte sie auch ein bißchen den Ofen, damit die anderen glaubten, auch im Hause des Rabbi Chanina ben Dossa würde nun für den Sabbes gebacken werden.

Die Nachbarn lauerten am Fenster und verlachten die arme Frau des Rabbi, weil sie genau wußten, daß die ben Dossas keinen Groschen besaßen. Und eine rannte sogar hinüber, ins Haus, um die Frau des Rabbi bloßzustellen, lief zum Ofen, riß ihn auf und...«Oh, Frau, kommt schnell, sonst verbrennen eure Fladen!« – Die Frau des Rabbi war im Nebenzimmer gewesen, und als sie nun in die Küche trat und die goldbraun gebackenen Fladen im Herd sah, dachte sie sich: »Mein guter Rabbi hat wieder mal ein Wunder vollbracht!«

Als der Rabbi nach Hause kam, umarmte und küßte ihn seine Frau: »Ich danke dir für dein Wunder, guter Mann!«

»Nein, nein«, sagte der Rabbi, »danke nicht mir, danke Gott. Ohne ihn gäb's keine Wunder!«
Am nächsten Morgen saßen die ben Dossas zusammen und genossen das wunderbare Brot. Da klopfte es an der Tür. Zwei Männer standen draußen, die vom sagenhaften Ruhm des Rabbis gehört und einige Fragen an ihn zu richten hatten. Der Rabbi lud sie ein, mit ihnen zu essen, und sie schwätzten und aßen und schwätzten und aßen – dann war es Abend geworden, die Fremden verabschiedeten sich und gingen.
Sie waren keine fünf Minuten aus dem Haus, als die Frau des Rabbi aufgeregt gelaufen kam: »Rabbi, Rabbi, die Fremden haben ein Huhn, ein lebendiges Huhn bei uns vergessen. Lauf schnell und bringe es ihnen!«
»Äh, weiß nicht, woher sie gekommen sind, und wohin sie gegangen sind. Sie werden schon wiederkommen. Solange lassen wir das Hühnchen hier.«
Das Hühnchen blieb im Haus des Rabbi Chanina ben Dossa. Bald begann es Eier zu legen, und die Frau des Rabbi freute sich so sehr, daß sie endlich einmal was anderes auf den

Tisch bringen konnte als Johannisbrot. Aber ihr Mann sagte: »Frau, das Huhn gehört nicht uns, die Eier gehören also auch nicht uns. Laß sie nur liegen und laß das Hühnchen brüten!«
Das Huhn brütete, und es schlüpften kleine Küken, und die legten wieder Eier und brüteten, und es schlüpften kleine Küken, und die brüteten... So verwandelte sich das Haus des Rabbi in einen Hühnerstall. Auf dem Tisch, im Bett, im Herd – überall Hühner. Aber glaubt nicht, daß die Frau des Rabbi auch nur ein Huhn schlachten durfte.
Weiter nichts als Johannisbrot – von Freitag bis Donnerstag – Johannisbrot.
Endlich wurde die Hühnerschar auch dem ehrenwerten Rabbi zu viel, und er sagte eines Tages: »Wir werden die Hühner gegen zwei Ziegen tauschen. Die brauchen weniger Platz.«
So kamen die Ziegen in das Haus des Rabbi. Dann wurde eine Ziege dick und immer dicker, und bald war ein kleines Zicklein geboren. Es wuchs heran und wurde auch dicker und immer dicker – was sage ich euch: in einem Jahr hatte sich das Haus des Rabbi

vom Hühnerstall zum Ziegenstall gewandelt. Bis es dem Rabbi zuviel wurde, und er sagte: »Frau, wir tauschen die Ziegen gegen ein Stück Land und Saatgut.«
Hinter dem Haus wurde also ein Getreidefeld angelegt. Und es wurde ein gutes Jahr. Und das nächste war noch viel besser. Und das dritte Jahr war so gut und brachte solche Ernte, daß der Rabbi einen Getreidespeicher bauen mußte.
Aber – im Haus des Rabbi Chanina ben Dossa gab es immer noch Johannisbrot...
Nach fünf Jahren klopfte es eines Tages an die Tür des Rabbi. Draußen standen zwei Männer. Rabbi Chanina ben Dossa erkannte sie sofort. »AH, ihr seid gekommen, euer Hühnchen abzuholen!«
»Welches Hühnchen?« fragten die Fremden.
»Das Hühnchen, das ihr bei mir vor vielen Jahren vergessen habt. Ich habe es gehütet. Kommt mit, ich zeige es euch!«
Der Rabbi führte sie hinters Haus, zu einem großen Getreidespeicher und sagte: »Dies ist aus eurem Hühnchen geworden! Es gehört euch!«

»Rabbi, guter Rabbi«, riefen die Männer, »jetzt erinnern wir uns. Ihr ward damals so gastfreundlich, obwohl Ihr selbst nicht viel hattet. Deshalb versteckten wir das Huhn in Eurem Haus, weil wir wußten, Ihr würdet unser Geschenk nie annehmen. Es war Eures. Das Getreide gehört Euch!«

»Nein, nein, ich sage euch – hätten wir damals gewußt, daß das Huhn ein Geschenk ist, hätten wir es sofort geschlachtet und aufgegessen. Ich bestehe darauf, daß ihr euer Getreide mit euch nehmt.«

Aber – die Männer nahmen das Getreide nicht und zogen weiter. Und was tat der Rabbi? Er verteilte das ganze Getreide an die Armen des Dorfes! Und die Chanina ben Dossas aßen weiterhin Johannisbrot – von Freitag bis Donnerstag – Johannisbrot..

BUDDHISMUS

HINDUISMUS

Wiedergeburt

Ein kleiner Käfer krabbelte mühsam auf steinigem Weg. Es waren viele Hindernisse auf seiner Straße. Strohhalme und sonstige schwer zu bewältigende Gegenstände. Es war recht anstrengend. Fliegen konnte er nicht. Er war ein Krabbelkäfer. Zudem war sein linkes Hinterbein verkümmert – schon von Geburt an. Er schleppte es nach. Es war ein trauriger Fall. Aber er pilgerte tapfer weiter. Käfer gehen nicht und wandern nicht. Sie pilgern. Das ist ein großer Unterschied. »Gehen Sie doch aus dem Wege!« schrie eine Hummel namens Summser den Pilger an und brummte böse. »Strolcht so was auf der Straße herum und stört achtbare Damen, die sich auf den Blumenmarkt begeben!« »Entschuldigen Sie«, sagte der Pilger mit dem schleppenden Hinterbein, »ich muß pilgern, ich bin ein Krüppel.« Er wies mit dem Fühlhorn auf das verkümmerte Hinterbein. »Soso«, sagte Frau Summser mitleidig, »dann ist es etwas anderes. Das habe ich nicht gesehen. Ich war so eilig. Wenn man heutzutage nicht sehr zeitig an die Blumen kommt, ist alles vergriffen. Die Konkurrenz ist sehr groß. Aber warum müssen Sie denn pilgern? Wäre es mit Ihrem Bein nicht besser, zu Hause zu bleiben? Sie müßten heiraten. Dann haben Sie wenigstens Ihre regelmäßigen Mahlzeiten.« »Nein, ich muß pilgern«, sagte der Pilger mit dem schleppenden Hinterbein. »Ein alter Käfer, den ich meines Leidens wegen konsultierte, sagte mir das. Er sprach von der Religion des heiligen Skarabäus und sagte, ich müsse das Rad des Lebens suchen. Das ist ein sehr alter Glaube und ein großer Trost für arme Krabbelkäfer.« »Und was hat man davon?« fragte Frau Summser. »Es ist doch gewiß viel vernünftiger, rechtzeitig auf den Markt zu kommen.« Der kleine Käfer zog das verkrüppelte Bein mit einer zuckenden Bewegung an den Körper, so daß es nicht mehr zu sehen war. »Man kann ein Rosenkäfer werden«, sagte er geheimnisvoll. »Ist das ein lohnender Beruf?« fragte Frau Summser. Sie war eine überaus praktische Hausfrau. Ihre Honigtöpfe waren unübertroffen und bekannt im ganzen Umkreis eines Insektenfluges. »Man glänzt dann wie flüssiges Gold, und man kann fliegen. Man ruht in den Rosen und atmet ihren Duft.« Frau Summser wurde hierdurch an ihren Markt erinnert. »Jetzt muß ich mich wirklich beeilen«, sagte sie, »die Konkurrenz ist zu groß heutzutage. Jedenfalls wünsche ich Ihnen alles Gute.« Der Pilger mit dem schleppenden Hinterbein pilgerte weiter. Über den Weg kam ein Wagen gefahren. Das ist das Rad des Lebens, dachte der Pilger mit dem schleppenden Hinterbein und hastete darauf zu. Das Rad ging über ihn hinweg. Auf dem Wege war nichts als eine formlose Masse.

Zur selben Stunde kroch im sonnigen Süden ein kleiner Rosenkäfer aus dem Ei. Ganz zuerst betastete er mit dem Fühlhorn sein linkes Hinterbein. Er wußte selbst nicht, warum er es tat. Das linke Hinterbein war gesund und kräftig und glänzte wie flüssiges Gold. Es war fast noch schöner und glänzender als die anderen Beine. Die Rosen dufteten. Das Rad des Lebens ging weiter.

Der Schmetterling

Ich, Tschuang Tse, träumte, ich sei ein Schmetterling. Ein hin und her flatternder Schmetterling. In allem, was ich tat, was ich dachte und fühlte, war ich nichts anderes als ein Schmetterling.
Plötzlich erwachte ich. Lag da und war wieder ich selbst.
Nun weiß ich nicht: war ich Mensch, der träumte, er sei ein Schmetterling, oder bin ich jetzt Schmetterling, der träumt, er sei ein Mensch?

Tausend Spiegel

Ein Hund hatte von einem ganz besonderen Tempel gehört: es war der Tempel der tausend Spiegel! Der Hund wußte nicht, was ein Spiegel war, aber es hörte sich lustig an, und er hatte sowieso nichts Besonderes zu tun, und so machte er sich auf den Weg – zum Tempel der tausend Spiegel.
Viele Tage, viele Wochen war er unterwegs, und endlich stand er vor dem geheimnisvollen Tempel.
Er lief die Treppen hinauf, öffnete das Tor und trat hinein. Da sahen ihm aus tausend Spiegeln tausend Hunde entgegen. Und er freute sich, und er wedelte mit dem Schwanz. Da freuten sich in tausend Spiegeln tausend Hunde, und wedelten auch alle mit dem Schwanz! Der Hund dachte sich: die Welt ist voller glücklicher und zufriedener Hunde. Und von nun an kam er jeden Tag in den Tempel der tausend Spiegel!

An diesem Nachmittag kam ein anderer Hund in den Tempel der tausend Spiegel. Auch er lief die Treppen hinauf, öffnete das Tor und trat hinein: da sahen ihm aus tausend Spiegeln tausend Hunde entgegen. Der Hund bekam große Angst und knurrte und zog seinen Schweif ein. Da knurrten aus tausend Spiegeln tausend Hunde und zogen auch alle ihren Schweif ein. Und der Hund dachte sich: die Welt ist voller böser, knurrender Hunde. Und er kam niemals mehr in den Tempel der tausend Spiegel!

Wo, glaubt ihr, befindet sich dieser Tempel der tausend Spiegel?

Ihr findet ihn direkt vor eurer Tür! Derjenige, der offenen Herzens und mit wachen Augen durch die Welt geht, wird Menschen treffen, die mit offenen Herzen und wachen Auges durch die Welt gehen.

Derjenige aber, der verschlossen und mit bösem Blick umhergeht, wird auch nur solche Menschen treffen...

Die Axt

Ein Mann kann seine Axt nicht finden. Er sucht sie überall, aber sie bleibt verschwunden. Während er sucht, sieht er, wie der Sohn des Nachbarn das Haus verläßt, stehenbleibt, über den Zaun den suchenden Nachbarn beobachtet.

Wieso beobachtet er mich, denkt sich der Mann. Seltsam, daß er gerade jetzt aus dem Haus kommt. Sieht aus, als würde er lachen. Aber warum lacht er? Warum geht er nicht weiter?

Plötzlich wird dem Mann klar: der Sohn des Nachbarn muß die Axt gestohlen haben!

Der Sohn des Nachbarn geht am Zaun entlang. Wie der geht, denkt sich der Mann, wie ein Axtdieb! Und wie er schaut, so schaut doch nur einer, der etwas ausgefressen hat. Warum grüßt er mich heute nicht, das hat seinen Grund!

Nun steht es fest: der Sohn des Nachbarn ist der Axtdieb! Wer hätte sich das gedacht!

Am nächsten Morgen ist der Mann damit beschäftigt, in seinem Garten ein Loch zu graben. Plötzlich stößt er auf etwas Hartes. Er holt es hervor. Und was ist es?! Seine Axt. Die gestohlene Axt!
In diesem Moment tritt der Sohn des Nachbarn aus dem Haus. Er bleibt stehen und schaut über den Zaun.
Seltsam, denkt sich der Mann, der Sohn des Nachbarn hat nichts mehr von einem Axtdieb an sich. Ein freundlicher, junger Mann!

Füchsin und Löwin

Eine Füchsin und eine Löwin unterhielten sich. Die Füchsin fühlte sich der mächtigen Königin unterlegen und suchte nach irgendetwas, womit sie sie übertreffen konnte. So nebenbei sagte sie plötzlich: »Weißt du, ich werfe bei jedem Wurf sieben oder acht kleine Füchse. Und du?« – Sie wußte ganz genau, daß die Löwin immer nur ein Junges auf die Welt bringt. Die Löwin blickte die Füchsin majestätisch an und sagte: »Immer nur ein Junges. Nur eines. Aber, Füchsin, ein jedes ist ein König!«

Spinne und Maus

Eine große Vogelspinne hatte eine kleine Maus gefangen und wollte sie auffressen. Da sagte die Maus mit fester Stimme: »Spinne, mir steht eigentlich ein letzter Wunsch zu.«
»Bei mir nicht«, antwortete die Spinne, »aber ich will eine Ausnahme machen. Was wünscht du dir, bevor du meinen Magen kennenlernst?!«
»Ich habe gehört, daß dein Biß gar nicht tödlich sein soll?«
»Blödsinn, wer erzählt solche Lügen über mich?«
»Egal. Außerdem will ich dir sagen, daß mein Biß hingegen einen Menschen töten kann.«
»Maus, die Todesangst hat dich wohl verrückt gemacht! Wie willst DU einen Menschen töten?«
»Ich mache dir ein Angebot, Spinne. Ich werde dir meine Worte beweisen. Habe ich recht, läßt du mich laufen. Hast du recht, freue ich mich schon auf deinen Magen.«

Die Spinne war sich ihrer Sache sicher: »Einverstanden, wir probieren dein dummes Spielchen aus«.

Die beiden, Spinne und Maus, näherten sich einem Menschen, der in der Wiese lag und sich ausruhte.

»Hör zu«, flüsterte die Maus, »du schleichst dich an den Menschen heran und beißt ihn in die Schulter. Dann verschwindest du. Ich werde über seine Schulter laufen und zu dir zurückkehren.«

Die Spinne verstand nichts, aber sie befolgte, was ihr die Maus aufgetragen hatte – sie war neugierig geworden, was dies alles zu bedeuten hatte.

Sie schlich sich an den Menschen heran, biß ihn in die Schulter und lief zurück. Im selben Moment sprang die Maus auf die Brust des Menschen. Der hatte etwas an seiner Schulter gespürt, hatte die Maus gesehen und sich nichts weiter gedacht.

Am nächsten Tag wiederholten die beiden die Szene. Nur mit einem kleinen Unterschied: diesmal biß die Maus in die Men-

schenschulter und die Spinne mußte dem Menschen über die Brust laufen.
Als der Mensch die Spinne davonlaufen sah, schrie er auf: »Hilfe, eine Spinne hat mich gestochen, eine Spinne hat mich gestochen!« Und noch ehe ihm jemand zu Hilfe eilen konnte, war der Mensch tot zusammengebrochen.
So rettete sich die Maus vor dem Magen der Spinne...

Das Signal

Shiva kam in ein Land, in dem eine große Dürre ausgebrochen war. Es gab keine Flüsse mehr, der Boden brachte nicht einen Grashalm hervor. Trotzdem sah Shiva überall Bauern, die ihre ausgetrockneten Felder pflügten. Als Shiva fragte, wieso sie solch unnütze Arbeit tun, antworteten sie: »Wir pflügen, um in Übung zu bleiben und der Erde das Gefühl zu geben, daß sie nicht von allen vergessen ist. Gott wird sich eines Tages an uns erinnern und seinen Regen senden.«

Shiva dachte lange über diese Antwort nach. Plötzlich wußte er, daß diese Antwort eine Botschaft, an ihn gerichtet, war. Vor vielen Monaten hatte er den Auftrag erhalten, in sein Horn zu blasen. Soviel war er gewandert, daß er es ganz vergessen hatte. Er setzte das Horn an seinen Mund und blies einen mächtigen Ton.

Und auf diesen Ton des Shiva hatte Gott gewartet, um seinen Regen auf die Erde zu senden...

Die List des Hasen

Einmal geschah es, daß eine Python durch ihre Unvorsichtigkeit in die Falle eines Menschen ging. Als der Mensch zurückkehrte, um die Beute zu holen, sah er die riesige Schlange in seinem Käfig. »Was machst du in meiner Falle«, rief der Mensch, »ich hatte eigentlich einen Löwen, oder einen Tiger erwartet!«

»Nun, wenn das so ist, kannst du mich ja freilassen«, wisperte die Schlange, »ich werde dir bestimmt nichts tun, Ehrenwort.«

Ein Schlangenehrenwort gilt nicht viel, dachte sich der Mann, außerdem ist so eine Python eine schöne Beute. Andererseits habe ich noch nie eine Schlange getötet...

Der Mann überlegte hin und her, und schließlich öffnete er den Käfig und ließ die Schlange frei. Aber sofort stürzte sich das mächtige Tier auf den Mann, wand ihren Körper um ihn und begann, ihn langsam zu erdrücken.

»Hast du wirklich gedacht, ich würde dich laufen lassen? Einen Menschen läßt man nicht lebendig entkommen – Kleines Schlangen-Ein-Mal-Eins!«
»Warte«, jammerte der Mann mit letztem Atem, »wir wollen ein Tier zum Richter wählen, das soll entscheiden, ob du richtig handelst.«
Die Schlange war sofort einverstanden, denn sie wußte: jedes Tier im Dschungel dachte wie sie.
Nun suchten die beiden nach einem Richter. Das erste Tier, das sie trafen, war ein Löwe. Als dieser die ganze Geschichte gehört hatte, knurrte er: »Ah, mich wolltest du fangen? Aber mich hättest du sicher nicht mehr freigelassen!« Es war klar, daß er mit seiner Pranke nach unten deutete – Tod!
»Einen Moment«, rief der Mensch, »der Löwe dachte nur an seine Rache. Wir müssen einen anderen Richter suchen.«
»Gern«, antwortete die Schlange, und sie gingen weiter. Als nächstes trafen sie ein Faultier. Nachdem es die Geschichte gehört hatte, sag-

te es schnell: »Der Mensch muß sterben, klar, Schlange, du hast recht !«

»Auch diesen Richtspruch anerkenne ich nicht«, sagte der Mann, »es hat Angst vor dir, weil es deine Lieblingsbeute ist. Ich hingegen bekomme dieses Tier kaum zu Gesicht.«

»Bitte, wie du wünscht«, lachte die Schlange, die sich ihrer Sache sehr sicher war, »suchen wir einen anderen Richter.«

Ein Elefant kam dahergetrottet. Als er sein Urteil sprechen sollte, dachte er an seinen Bruder, der von einem Menschen getötet worden war.

»Ich verurteile dich nicht aus Rache«, sagte der Elefant, »sondern weil ich Angst habe, ich könnte dein nächstes Opfer sein!«

»Nun«, meinte die Schlange, »genug Richter?«

»Fragen wir noch einen letzten. Es muß doch in diesem Dschungel irgendein gerechtes Tier zu finden sein.«

Da hoppelte ein Hase ganz verschlafen aus seinem Loch. »Na, bist du mit diesem Richter einverstanden?« höhnte die Schlange.

Der Hase ließ sich den Vorfall genau schildern. Er tat so, als würde er sorgfältig überlegen, legte seine Stirn in Falten und sagte: »Es gibt da einige Dinge, die ich nicht ganz verstehe. Da es aber immerhin um Leben oder Tod geht, möchte ich doch versuchen, mein Amt richtig auszuüben. Also, Schlange, wie spielte sich der Vorfall genau ab? Kannst du mir zeigen, wo du in die Falle geraten bist?«

»Natürlich, Häschen, komm'!« sagte die Schlange und schlängelte sich zu dem Busch, in dem noch der offene Käfig stand.

»Aha, das ist er, ich sehe, ich sehe. Und du bist im Käfig gefangen gewesen?«

»Ja, natürlich.«

»Könntest du mir vielleicht zeigen, wie es geschah?«

»Ich dachte an nichts, schlängelte mich hinein, ungefähr so...«

Der Hase hoppelte näher: »War die Käfigtür geschlossen oder offen?«

»Na, zuerst war sie offen und dann geschlossen!«

»Gut, Mensch, schließe bitte den Käfig, damit ich genau sehen kann, wie sich alles abgespielt hat.«

Der Mann verschloß den Käfig.
»Und was jetzt?« fragte die Schlange, die die List des Hasen noch immer nicht verstanden hatte.
»Nun kennst du mein Urteil, Schlange«, sagte der Hase, »durch eigene Schuld wurdest du gefangen. Der Mensch hatte dir vertraut, hat also sein gutes Herz bewiesen. Du hingegen hast dein Wort gebrochen. Ich überlasse es dem Menschen, über dich zu urteilen.«
Und mit diesem weisen Richtspruch hoppelte der Hase davon...

Die Vorsehung

»Alles steht in einem großen Buch geschrieben, alles ergibt einen Sinn. Auch wenn wir diesen Sinn oft erst viel später begreifen« – Das waren die Worte eines alten Mannes, den man nicht recht ernst nahm.

»Was ist mit dem Hunger auf der Welt?« fragte sein Sohn, »was mit den Krankheiten? Worin liegt da ein Sinn?!«

»Ich sagte dir doch, den Sinn erkennt man oft nicht sofort. Aber alle Dinge sind uns gegeben, um sie zu bewältigen.«

»Das glaube ich nicht, das glaube ich nie und nimmer!«

Einmal gingen der Alte und sein Sohn gemeinsam auf die Jagd. Bevor sie in den Wald eindrangen, hörten sie einen Kauz dreimal rufen. Nach einer kurzen Pause rief er noch einmal.

»Hast du gehört«, sagte der Alte, »der Kauz will uns etwas mitteilen. Wir sollten umkehren.«

»Blödsinn, Vater, der Kauz hat zufällig gerufen und wir haben es zufällig gehört.«

»Wenn du meinst« – und sie ritten weiter. Kamen immer tiefer in den Wald, bis sie nicht mehr weiterkamen, weil das Dickicht zu undurchdringlich geworden war.
»Wir haben uns verirrt«, sagte der Sohn, »es wird besser sein, zu Fuß weiterzugehen.«
Sie stiegen ab und gingen zu Fuß weiter. Aber schon lief die Dunkelheit durch den Wald, und die beiden machten sich daran, ein Lager für die Nacht zu richten. Der Sohn brach Zweige von den Bäumen, der Alte sammelte große Blätter. Dann schnitt der Sohn mit seinem Messer Lianen, um damit die Äste zu einem Dach zusammen zu binden. Einen Augenblick war er unvorsichtig, rutschte mit seinem Messer ab und schnitt sich den Daumen seiner rechten Hand ab.
»Wozu soll das gut gewesen sein?« jammerte der Sohn, »erkennst du vielleicht auch darin einen Sinn, daß ich nun meinen Daumen verloren habe?!«
Der Alte schwieg und ließ seinen Sohn mit seiner Wut allein.
Nach Mitternacht bewegten sich plötzlich seltsame Gestalten auf den Schlafplatz des

Sohnes zu. Es waren Krieger eines verborgenen Stammes, die in dieser Nacht ausgeschwärmt waren, um ein Opfertier für ihren Götzen zu fangen. Je makelloser und schöner dieses Opfer war, umso gnädiger sollte der Götze gestimmt sein.
Man kann sich die Freude der Krieger vorstellen, ein so wunderbares Opfer gefunden zu haben. Sie fesselten den Sohn und brachten ihn unter Freudengeschrei in ihr Dorf. Dort war bereits alles für die Opferung vorbereitet. Der Sohn wurde entkleidet und an einen Stein gebunden. Nun mußten ihm die Hände, die Füße und der Kopf mit Blätter umwickelt werden. Plötzlich schrien die Krieger auf: sie hatten bemerkt, daß dem Menschen ein Finger fehlte. In wilder Angst liefen die Dorfbewohner kreischend auseinander: man hatte dem Götzen ein verletztes, versehrtes, minderes Opfer darbringen wollen!
Der Alte hatte aus der Ferne alles mitangesehen und befreite seinen Sohn.
»Du siehst«, sagte der Alte, »es steht alles im großen Buch geschrieben. Ich hoffe, daß du mir nun glaubst!«

Das Wichtigste

In der Nähe eines Baches, unter einem Baum, waren vom Wind ein Reiskorn, eine Kamillenblüte und ein Stück Zuckerrohr abgesetzt worden. Die drei begannen, von ihrer Reise und von ihrer Heimat zu erzählen.

»Ich«, sagte das Reiskorn, »bin in einem riesigen Reisfeld aufgewachsen. Wir sind dazu auserwählt, dem Menschen Kraft zu geben.«

»Ich«, erzählte die Kamillenblüte, »war auf einer Hochebene zuhause. Jedes Jahr werden wir von feinen Menschenhänden gepflückt, um Tee für kranke Menschen zu werden.«

»Ist ja sehr interessant, was ihr da erzählt«, sagte das Zuckerrohr, »aber aus meinem Körper gewinnt man den Zucker, der das Leben versüßt.«

Jeder war davon überzeugt, das Wichtigste auf Erden zu sein.

Da mischte sich ein Feuerstrahl ein, der sich von einem Feuer in der Nähe davongeschlichen hatte.

»Habe eure Unterhaltung mitangehört. Ich muß sagen, ihr habt vom Leben wenig Ahnung. Ihr mögt ja alle sehr wichtig sein, aber ohne mich, das Feuer, würdet ihr überhaupt nicht zur Wirkung kommen. Denn durch mich wird eure Energie erst frei. Vergeßt das nicht!«

»Das Feuer hat recht«, begann plötzlich der Baum, »nur hat unser Freund etwas vergessen: mein Holz ist es, das erst Feuer entstehen läßt. Folglich bin ich das Wichtigste!«

»Und wer läßt dich wachsen, Baum, läßt alles wachsen?« war plötzlich eine feine Stimme zu hören, »ich, das Wasser. Ohne mich und meinen weiten Weg zum Meer gäbe es euch alle nicht. Trotzdem würde ich nie behaupten, am wichtigsten zu sein. Jeder hat von Gott seine Rolle zugedacht bekommen, und die erfüllen wir. Der Glaube, wichtiger zu sein als anderes, soll dem Menschen vorbehalten bleiben...«

Der gespaltene Stein

Zwei Männer unterhielten sich über Religion. Der eine sprach über den Islam, der andere über das Christentum. Und beide meinten, ihre Religion wäre das einzig Wahre.
Da kam ein Fremder vorbei und lauschte einige Zeit ihren Gesprächen. Als der Muslim und der Christ begannen, sich zu streiten, sagte der Fremde: »Kommt, ich möchte euch etwas zeigen.«
Er führte sie zu einem nahen Bach, stieg ins Wasser und suchte nach einem Stein. Als er einen gefunden hatte, nahm er einen zweiten und schlug damit den ersten entzwei.
»Seht her«, sagte er, »dieser Stein ist an seiner Außenhaut völlig naß. Viele hundert, vielleicht tausend Jahre hat er im Wasser gelegen. Es hat ihm sein jetziges Aussehen gegeben. Nun seht aber sein Inneres: es ist trocken. Trotz der langen Zeit ist das Wasser nicht bis in sein Zentrum vorgedrungen. So ist es mit euren Religionen: viele hundert, ja tausend

Jahre umgeben sie schon den Menschen, aber sie sind noch immer nicht in die Herzen der Menschen vorgedrungen.«

Der Fremde stieg aus dem Wasser und ließ die beiden, den Christen und den Muslim allein zurück...

Prinz Jing

Früher glaubten viele Menschen an Berg-, Fluß-, und andere Geister. Während eines normalen Jahresablaufes begnügte man sich damit, möglichst ruhig dahinzuleben, nicht aufzufallen, um die Geister nicht zu erzürnen. Nur in Ausnahmesituationen erinnerte man sich ihrer, rief sie an oder brachte ihnen Opfer dar.

Während einer schlimmen Dürrekatastrophe beschloß der Herrscher von Qi, Prinz Jing, dem Berggeist ein Opfer zu bringen und um Regen zu bitten.

»Wozu«, sagte sein engster Vertrauter Yan Zi, der nicht an Geister und ähnliches glaubte, »wenn der Berg die Macht hätte, es regnen zu lassen, hätte er es längst getan. Die Felsen des Berges sind seine Sehnen und Knochen, der moosige Boden seine Haut, Gras und Bäume seine Haare. Wenn es lange nicht regnet, verdorrt sein Haar, und seine Haut trocknet aus. Hätte er die Kraft, an die du glaubst,

würde er sich dann selbst solche Schmerzen zufügen?!«
»Mit dem Berggeist magst du recht haben«, erwiderte Prinz Jing. »Also werde ich zum Flußgott beten und ihn um Regen bitten.«
»Wozu«, sagte wieder Yan Zi, »ohne Wasser verliert der Flußgott sein Reich. Ohne Wasser sterben seine Untertanen, Fische und Schildkröten. Meinst du, er würde dies zulassen, wenn er die Macht hätte, es regnen zu lassen?«
Nachdem Prinz Jing seinen Vertrauten gehört hatte, beschloß er, in Zukunft auf die Hilfe der Berg-, und Fluß- und sonstigen Geister zu verzichten...

Über das Sprechen

Ein Schüler fragte seinen Meister: »Meister, hat es einen Sinn, viel zu sprechen?«
Sein Meister antwortete ihm: »Nimm den Frosch. Er quackt Tag und Nacht, bis er kaum einen Ton mehr hervorbringt. Mit welchem Ergebnis? Keiner hört ihm zu.
Nimm hingegen den Hahn. Er kräht nur einmal, wenn der Tag anbricht. Aber welch ein Ergebnis! Jeder hört auf ihn und erwacht...«

Die Welt geht unter

Es muß viele Jahrtausende her sein. Da lebte auf der Erde ein mächtiger Löwe, der viele Jahrtausende später als Buddha wiedergeboren werden sollte. Dieser Löwe wohnte in einer Höhle nahe des Meeres.
Nicht weit davon entfernt lebte ein kleiner Hase unter einer Dattelpalme. Schon als Hasenkind hatte er sich um alles mögliche Sorgen gemacht: wieso das Meer so rauscht, warum die Nacht so dunkel ist und wie es kommt, daß man ständig auf der Flucht vor größeren, stärkeren Tieren sein muß. Jetzt war er erwachsen, aber dachte immer noch zuviel nach. Er dachte vorallem ständig an den Weltuntergang.
Eines Tages lag er vollgefressen unter seiner Dattelpalme, als eine Dattel neben ihm ins Gras fiel. Die Dattel machte keinen besonders lauten Plumps, aber für den Hasen reichte es. Völlig verschreckt wurde er aus seinen Weltuntergangsalpträumen gerissen! In seinen

Ohren klang immer noch dieser Plumps, der sich durch seine Gedanken in ein unglaubliches Grollen verwandelt hatte. In panischer Angst lief er in Richtung des Meeres. Vorbei an seinem Nachbarn, der ihm nachrief: »Was ist passiert?« Der kleine Hase stoppte nicht: »Frag' nicht, lauf um dein Leben!« Der Nachbar hoppelte hinterdrein: »Ja aber – warum geht's denn?!« Der kleine Hase wandte sich im Laufen kurz um und keuchte: »Die Welt geht unter!« Nach dieser Katastrophenmeldung beschleunigte auch der Nachbarhase seine Fluchtsprünge.
Ein dritter Hase hatte alles beobachtet und schrie auch schon: »Die Welt geht unter, die Welt geht unter!« In rasender Geschwindigkeit verbreitete sich die Schreckensnachricht und alles, was rennen oder kriechen oder fliegen konnte, folgte dem kleinen Hasen.
Der Löwe hörte in seiner Höhle ein Donnern. Er trat ans Licht und sah von weitem eine riesige Menge Tiere in wilder Panik auf das Meer zurasen. Da brüllte er. Er brüllte so laut, daß selbst das Trampeln der Tiere sich wie

Flüstern anhörte. Und dieses Brüllen stoppte die Tiere.

»Was ist los mit euch?« fragte er die Nashörner, »was rennt ihr wie verrückt?«

»Weißt du es noch nicht, die Welt geht unter!«

»Wie kommt ihr darauf?«

»Die Tiger haben es gesagt!«

»Und woher habt ihr es, Tiger?«

»Von den Giraffen«. Und die Giraffen wußten es von den Rehen und die Rehe von den Vögeln und die Vögel von den Bisons und die Bisons von den Füchsen und die Füchse von den großen Hasen, und die großen Hasen wußten es von den mittleren Hasen, und die mittleren Hasen hatten es von den kleinen gehört und die... Da stand nun der kleine Hase vor dem großen Löwen. »Du hast also als erstes gesagt, die Welt geht unter. Warum?«

Der kleine Hase schaute verwirrt und stotterte: »Die Welt geht unter, gleich geht sie unter!«

Der Löwe beruhigte ihn und fragte: »Hast du Berge einstürzen sehen? Hat sich die Erde aufgetan?«

»Nein, das nicht, aber ich habe einen schrecklichen Plumps gehört.«
»Einen Plumps? Wo?«
»Als ich mein Mittagsschläfchen unter meiner Dattelpalme hielt.«
»Und woher weißt du so genau, daß der Plumps der Weltuntergang war?«
»Aber...ich...meine Gedanken...plötzlich...«
»Weißt du was«, sagte der Löwe, »wir laufen nun schnell zu deiner Dattelpalme und sehen nach, ob sie noch steht, und woher der Plumps kam.«
Der kleine Hase durfte sich auf den Rücken des Löwen setzen, und die beiden sprengten davon.
Gerade als sie bei der Dattelpalme ankamen, fiel eine Dattel zu Boden. »Na, war es so ein Plumps, den du gehört hattest?«
»Ja«, antwortete das Häschen und schämte sich sehr.
»Wo bist du gelegen, als du den Plumps hörtest?« – Der Hase zeigte auf die Stelle, der Löwe beugte sich hinunter ins Gras, und, siehe da, er hob eine Dattel auf. »Da haben wir deinen Weltuntergang«, sagte der Löwe.

Aber er sagte es nicht etwa spöttisch. Denn der Starke versteht, wie leicht der Schwache Angst hat...

QUELLENNACHWEIS

»Neues zur alten Geschichte I,II,III« aus »Der schöne Drache« von Folke Tegetthoff, Edition Neues Märchen (1991) – »Der erste weiße Mensch« (OT:«Wie die Schwarzen und die Weißen entstanden«), »Die Pferdefliege«, »Noah«, aus »Märchen des schwarzen Amerika« Hg.Frederik Hetmann, © Fischer Verlag, Frankfurt, 1974 – »Rosmarin« aus »Folke Tegetthoffs Kräutermärchenbuch Band 2« © Ueberreuter Verlag, Wien, 1989 – »Brief an die Stille« aus »Märchenbriefe« von Folke Tegetthoff, Edition Neues Märchen 1990 – »Die große Sechzehn und der Teufel« aus »Nordamerikanische Märchen« Hg.Frederik Hetmann, © Fischer Verlag, Frankfurt, 1973 – »Der Anwalt« bis »Liebe wie Salz«, aus »Contes flamands«, Teirlinck, Bruxelles – »Licht im Dunkeln« Folke Tegetthoff – »Das Buch« aus »Der Geburtstag von Adam und Eva« von Werner Reiser, © Reinhardt Verlag, Basel 1978 – Alle jüdischen Märchen aus »Jüdische Märchen« Hg.Leo Pavlat, © Verlag Dausien Hanau, außer »Ein chassidisches Problem«, »Der häßlichste Mensch«, »Der Schmetterling« gehört von Josi Sela (Israel) – »Almustafa« aus »Der Garten des Propheten« von Khalil Gibran, alle deutschen Rechte bei Wilhelm Goldmann Verlag GmbH, München 1986 – »Häuptling Kaire & Totenkopf« aus »Südamerikanische Märchen« Hg. Felix Karlinger, © Fischer Verlag, Frankfurt, 1973 – »Der Bock«, »Der Tagdieb und der Nachtdieb«gehört (Cairo) – »Tod in Bagdad«, »Acker des Lebens« gehört von Josi Sela – »Mustafa und der Bettler« (OT: »Wer ist der Bedürftige«) nach einer Geschichte aus »Die fabelhaften Heldentaten des vollendeten Narren und Meisters Mulla Nasrudin« von Idries Shah, © Herder Verlag, Freiburg – »Wiedergeburt« (OT: »Der Pilger mit dem schleppenden Hinterbein«) aus »Gesammelte Tiergeschichten« von Manfred Kyber, © Rowohlt Verlag GmbH., Reinbek bei Hamburg, 1973 – »Der Schmetterling«, »Tausend Spiegel« »Die Axt« gehört von Dan Yashinsky (Canada) – »Füchsin und Löwin«, gehört von Josi Sela – »Spinne und Maus«, »Das Signal«, »Die Vorsehung«, »Das Wichtigste«, »Der gespaltene Stein« neu erzählt nach Geschichten aus »Lebensweisheiten vom Dach der Welt« Hg. Joseph Hopfgartner, Herder TB 1520 – »Die List des Hasen«, gehört von Josi Sela – »Prinz Jing« neu erzählt nach einer Geschichte von Yan Zi Chun Qiu, »Über das Sprechen« von Mo Zi, aus »Lebensweisheiten aus China« Hg. Friedhelm Denninghaus und Josef Reding, Herder TB 1277, © Josef Reding – »Die Welt geht unter« aus »Buddhistische Schatzkiste«, Hg. Buddhistisches Seminar, Katzeneichen 6, D-8589 Bindlach